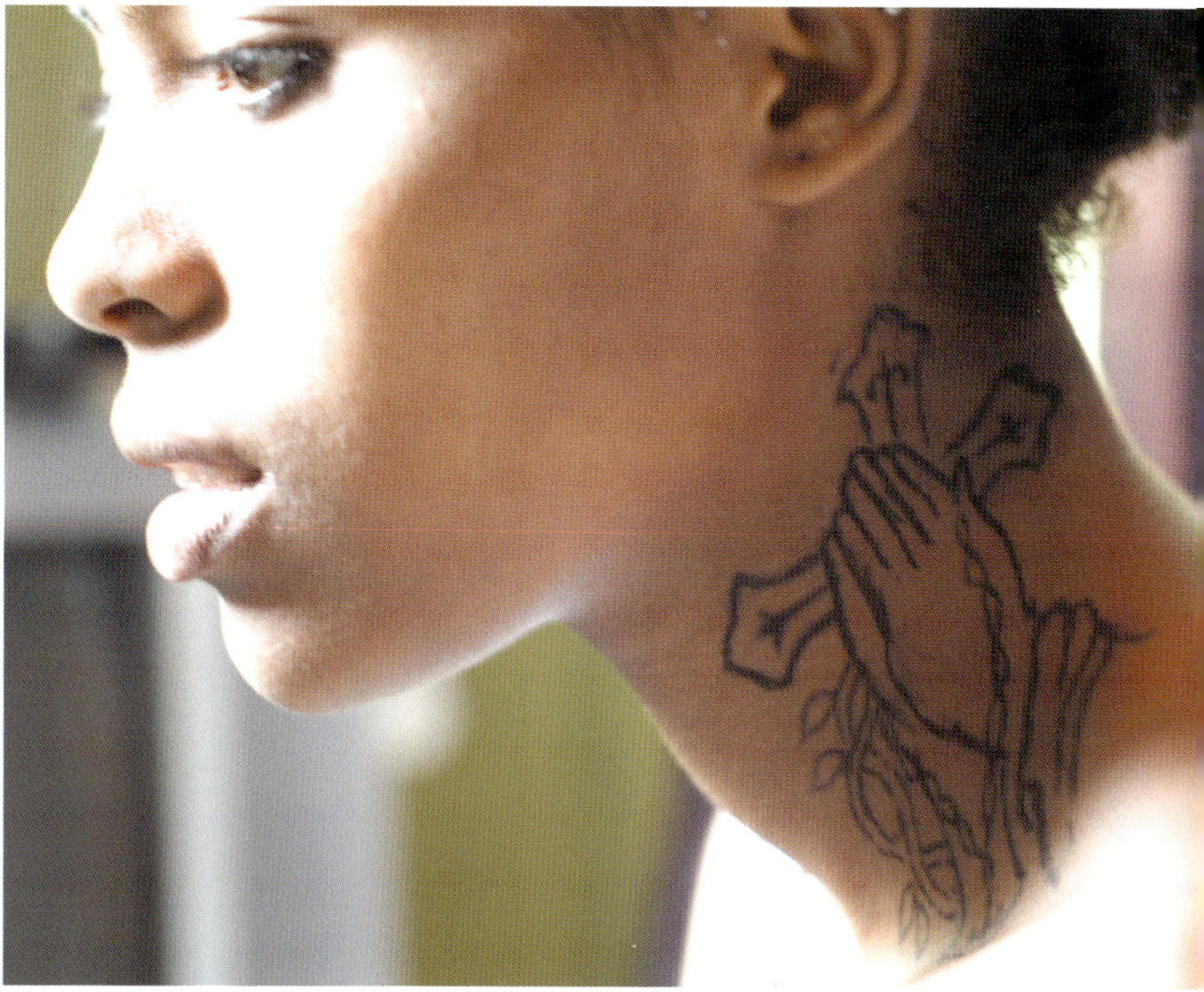

ETHIOPIA HOTEL

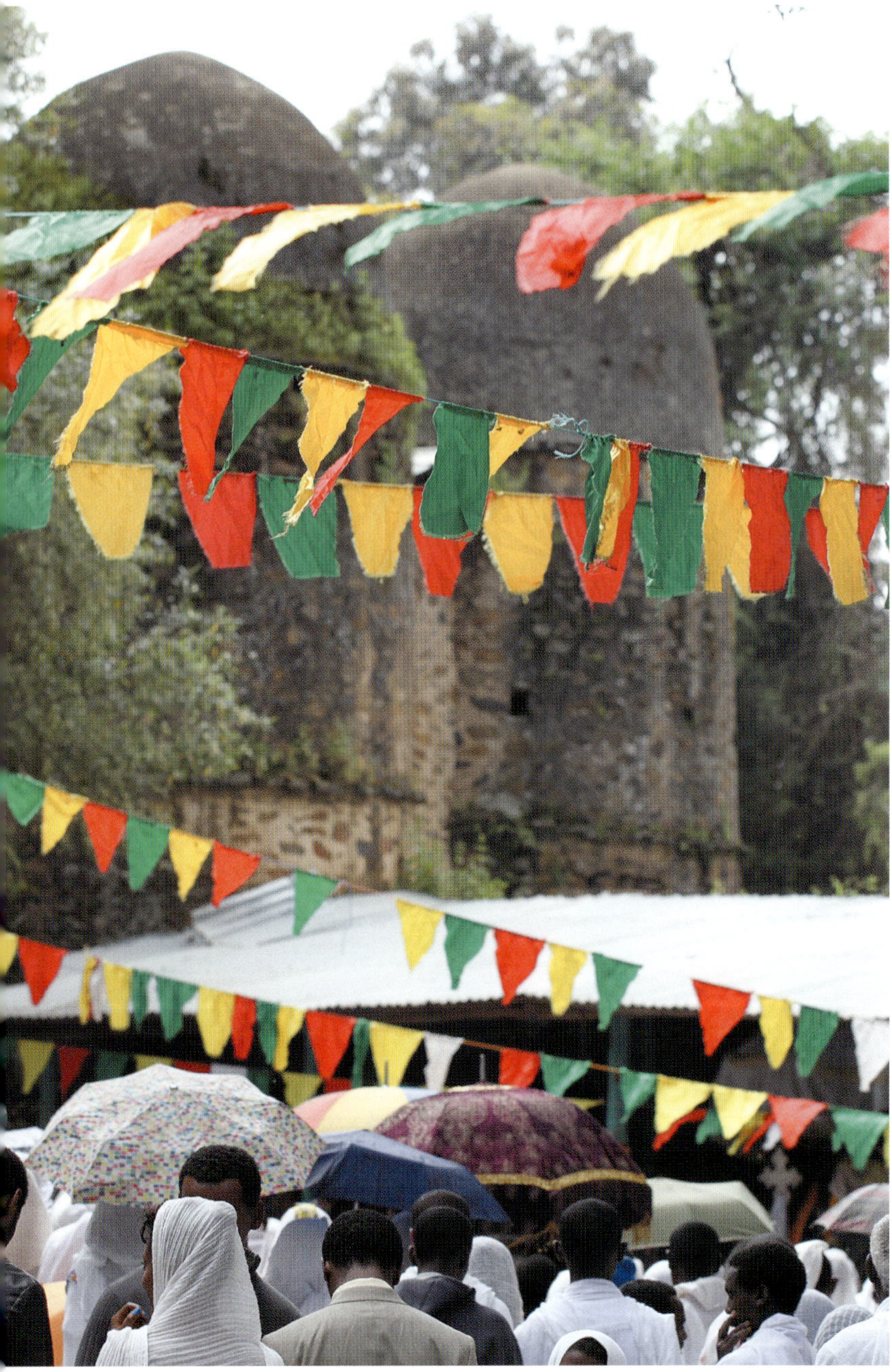

ストリートの精霊たち

川瀬 慈

世界思想社

目次

プロローグ

太陽に焼かれ、風に吹かれ、雲を追いかけた。憑かれたように楽器をかきならし、激しいリズムに自らを託した。自分を規定するあらゆるものから逃れ、自らを見失うぐらいはてしなく遠くへ行きたかった。各国を旅し、現地の音楽家たちと饗宴を繰り広げ、愚行にあけくれた時代。その名残もおそらくはあったのだろう、人類学を志した際、漠然と、音楽に関わる研究をやりたいと考えた。そのようなとき、アフリカはふと、そちらからやってきた。エチオピアでフィールドワークをおこなうという機会を与えられたのである。アフリカには一度も赴いたことがなく、当時あこがれていたブルースやジャズなどの音楽とアフリカ大陸とのつながりについて、すこしばかり知っている程度であった。

本書の主な舞台であるエチオピア北部の都市ゴンダールとの出会いは、二〇〇一年にさかのぼる。アメリカ同時多発テロが起きた数日後、世界が激しく揺れ動くなか、日本を発ち、カイロを経由してエチオピアの首都アジスアベバに着いた。フィールドワークをおこなうという目的はあったが、決して細かな計画に基づいてはいなかった。かつてのように、音楽家に出会い、ジャムセッションを繰り広げながら、地域社会の音楽について学ぼうなどと、牧歌的に考えていた。ギターを抱え、ノミやダニに悩まされながら、長距離バスに揺られ、広大な高原を旅した。出会った人々の多くに、音楽をなりわいとする芸能者が高原の北部にたくさんいると教えられ、すこしずつ北へ北へと進路をとり、ごく自然な成り行きでゴンダールに流れ着いた。そこはかつて王都が置かれていたところで、本書に登場する弦楽器を弾き語る楽師アズマリの集団が存在し、祝祭儀礼の場や酒場で、旺盛に活動を繰り広げていた。私は当然のことのように、そこをフィールドワークの拠点と定め、イタリア軍が街を占領した時代の産物である、エチオピアホテルという名の安宿に居を構えた。

　だが、ものごとはそう簡単にはいかない。持参したギターはゴンダールに到着して早々、ストリートでつまづいて、無残にもネックの部分から折れてしまった。街の人々のしたたかさ、日々を生き抜こうというむき出しのエネルギーは、私にとっては当初あまりにもどぎつく感じられた。冷やかしの声を浴びせ、ちょっかいを出してくるストリートの若者たちの声、物乞いたちや、ストリートをかけまわる子どもたちの叫び、そして体を深く浸食されるような街のノイズの渦は、やけに毒々しかった。それまで訪れたどんな街とも違う息苦しい濃厚な空気に街が支配されていると感じた。私は耳をふさぎ、すべての音を遮断し、心を固く閉ざし、ゴンダールのストリートを足早にかけぬけようとしていた。

一方、肝心のフィールドワークのほうはどうだったか。音楽という窓口を通して、ことばを越えた部分で他者とつながり、理解しあうことが可能であるかもしれないなどという生易しい考えは、ことごとく覆されることになる。研究対象として定めた地域社会の芸能者、アズマリたちは最初とっつきづらかった。彼らは、アウトサイダーである私を警戒し、決して受け入れようとはしなかった。そもそも、ゴンダールにおいて音楽家は、皮なめしや機織り、鍛冶をなりわいに生きる職能者と同じ地平に位置づけられ、自由に創造し、表現をおこなうアーティストの類ではなかった。ゴンダールのマジョリティが信仰するエチオピア正教会の荘厳な儀礼音楽、讃美歌こそが〝神からの贈り物＝神聖な音楽〟であり、世俗の音楽を担う芸能者たちは、どちらかといえば社会的には後ろめたい存在とされていた。まず、私自身の頭のなかにあった〝音楽〟の認識をハンマーでかち割って、リセットする必要があったのである。

さらに、アズマリの歌そのものが難解だった。アズマリの歌の特徴的な歌いまわしに、〝蠟と金〟がある。これは、歌詞の表面的な意味を蠟のように溶かし、金、すなわち歌のなかに隠された意味をつかむことを指す。歌の聴き手は、字義通り歌詞を受け取るのではなく、自らの頭のなかで、修辞上のトリックを用いて、歌詞が包含する金、すなわち歌のメッセージを導き出すことが求められる。地域の人々のやりとりが、一事が万事、このアズマリの歌いまわしのようであるわけではない。しかし、ゴンダールの人々は、真意をダイレクトには語らず、包み隠すように婉曲的に伝えることを好む。この〝蠟と金〟のごとく婉曲的で、奥ゆかしい日常のやりとりの体系は最初、難解極まりなかった。間違った場所にきてしまったのかと真剣に考えた。

このように、直接的に私の身体に押し寄せ、働きかけてくる街の濃厚なエネルギーを受け止めることができず、かといって人々との婉曲的とも奥ゆかしいともいえるコミュニケーションはもどかしく、なかなかゴンダールとつながることができなかった。しかし日本に帰りほどなくすると、なぜかゴンダールを恋しく思うようになった。ゴンダールに何度か通ううちにゴンダールが私のなかに深く根づき、脈打ち、私を内側から揺り動かすようになった。音楽研究を目的とした私のゴンダールの生活ではあったが、私が魅了されたのは音楽をなりわいとする芸能者だけではなかった。ストリートを経済活動と生活の基盤とする子どもたち、そして若者、老人、物売り、物乞い、霊媒たち。ゴンダールの人たちから、ストリートに宿り息づく精霊（現地のアムハラ語で〝コレ〟）と呼ばれるような人たちと出会い、交流するという経験を積み重ねることになる。そのようななか、いつしか私のなかに沈殿したストリートの澱のようなものが発酵し、ふつふつと音をたてはじめるようになった。それはひょっとすると、ストリートで出会ったコレたちが私に投げかけたことばや、私にみせた何気ないしぐさが、私の記憶のなかに何らかのいたずらでもしかけたのかもしれない。あるいは街を彩るノイズやにおいが堆積したものなのかもしれない。いてもたってもいられなくなり、心が騒ぎはじめる。

立ち止まり、自らの物語を語ろうと、こちらをじっとみつめて語りかけてくる者の姿がみえる。ある者は雄弁に、ある者はひそひそとささやく。その語り口のあり方や声のトーンもさまざまだ。目を閉じて、それらの声の主たちに、とりあえずすこし落ち着いて、と諭してみる。ストリートの多様な声は私自身のなかで交響し、どんどんふくらみ、あふれでてくる。それらの声はふだん私が慣れ親しんでいる、実証主義的かつ首尾一貫した論述の枠にはおさまらない。それでも、声にかたちを与えようと試みる。それはときには断片的なモノローグであったり、ダイアローグのような形式をとるだろう。あるいは詩とも散文とも、拙い短編小説ともつかない様式をとるのかもしれない。

ゴンダールのストリートはどこまでも伸びていく。本書の舞台はエチオピアに限らず、北米からヨーロッパ、日本にも及ぶ。ストリートの広がりは、ゴンダールの人々、そして私自身の移動によってももたらされる。そこは人々の生活の母胎であるだけでなく、人が生き抜くために、したたかに自己を表現する劇場でもある。それはあなたを熱く歓待するかもしれないし、氷のように冷たく突き放すかもしれない。

さあ、ゴンダールのストリートへようこそ。

1 ピアッサの精霊たち

ゴンダールの繁華街ピアッサには、芸をなりわいとしながら生きる人々がいる。なにがしかのパフォーマンスを披露して金を乞う、いわゆる物乞いである。たとえばジョーカーというあだ名で呼ばれる男は、木製の横笛ワシントを吹く。ストリートの雑踏のオーケストラを背景に、遠くから、テゼタと呼ばれる五音からなる長調が聞こえてくる。ジョーカーによる、多少ワンパターンぎみのメロディが繰り返されると、雑踏はやわらぎ、そこには時間の凪が訪れる。ジョーカーは一日数時間、路上を行き来し、ワシントを吹き、通行人から金をもらい暮らしている。

そして、十代の少年であるゲダモの口笛。ゲダモは喉と口蓋で音を共振させ、独特の不思議な音色の口笛を吹く。同時に指で頬をはじいたり舌で音を途切れさせたりして、口笛にアクセントを刻む。ピアッサの路上ではゲダモのほかにも口笛で金をかせぐ少年がいるが、みな目がみえない。彼らはゴンダールから百キロメートル以上離れたシミエン山地の麓の村々からヒッチハイクでこの街にやってきた。ピアッサに来れば、目がみえなくても芸で何とか生きていけるのである。私はゲダモが視力を失った理由を彼のいとこから聞いたことがある。それは「長い日照りが続いたあと雨が降り、大地から蒸気がわきあがったときのこと、ゲダモはミチによって目がみえなくなった」という内容であった。ミチとはアムハラ語で「太陽によって引き起こされる病気」である。ミチはダマカセという薬用の植物を煎じて飲めば治るともいわれる。

通常、物乞いは、レンマイと呼ばれる。これは、〝乞う〟という語に由来するもっとも一般的な表現だ。また、婉曲的な表現、イェニベテ、という呼称もよく耳にする。イェニベテは、エチオピア北部のマジョリティが信仰するキリスト教エチオピア正教会の中心的な存在、聖母マリアの別称でもある。つまり、聖母マリアの庇護のもとにある哀れむべき人々、というニュアンスをもつ。しかしながらピアッサの人々は、物乞いのことを「ピアッサの精霊」（イェ・ピアッサ・コレ）とも呼んでいる。物乞い／路上の精霊たちは、嘲笑や哀れみのまなざしを向けられるだけではなく、人のコントロールの及ばない存在として認識され、街の風景のなかに溶け込んでいるのである。

ピアッサの精霊の代表格、いや女王とでも呼んだほうがよいだろうか、にアットゥがいる。大柄で太った彼女の個性は、数多くのピアッサの精霊のなかでも際立っている。アットゥは耳が不自由な初老の物乞いである。前かがみでのっそり、のっそり、歩いてやってきては、身体を張ったパフォーマンスでかせぐのである。道行く人の腕を強引につかみ、垂れ下がったしわくちゃの乳房を片方だけあらわにして、赤子に乳を飲ませるしぐさをする。自分には養うべき赤ん坊がいることを訴え、金をせがむのだ。道行く人々は、初老のアットゥに赤ん坊なんていないことを知っている。しかしながら、迫真のパフォーマンスに敬意を払い、あるいは彼女の圧倒的な存在感に押され、その全身から放たれる、鼻を刺すような野性のにおいに顔をゆがめつつも、彼女に小銭を差し出す。彼女に腕をつかまれてまともに怒りだすのは観光客ぐらいであろうか。

私は、アットゥに腕をつかまれると、彼女の腕をつかみかえしてやる。そうすると、鬼のような厳しい形相が変化することはないものの、彼女は物乞いをおこなうときのかけ声を止め、いくばくかおだやかになり、乳房を洋服にしまいこみ、次のターゲットを求めて去っていくのである。あるとき、私は何を思ったのか、思いきって彼女の頬をさわってみた。彼女は馬鹿にされたとでも思ったのか、私に殴りかかるポーズをとり、その場を去っていった。

夕暮れ時になると、彼女をからかう子どもたちが登場する。彼らは、アットゥのしぐさや声を真似る。片方の乳房をあらわにして赤子に乳を飲ませるアットゥのポーズを真似る者もいる。アットゥは、激しくうわずった叫び声をあげ、全身で怒りをあらわしながら悪ガキたちに石を投げつける。アットゥは同時に複数の石を投げる。しかし、アットゥのコントロールは決してよいものではない。巨体で、動きの鈍いアットゥの投げるつぶては、すばしっこい子どもたちに届かないどころか、横にそれ、夕刻、仕事を終えて家路を急ぐ人々に当たる。通行人にとっては、まったく迷惑な話であり、はたからみればコミカルな光景でもある。私自身、アットゥをいじめる子どもたちを叱りつけながらも、アットゥのつぶてを浴びながら、わけがわからず悲鳴をあげて逃げまどう通行人の姿がおかしく、不謹慎にも笑いがこみあげ、それをいく度となく懸命にこらえた。しかし、当のアットゥは必死である。子どもたちを追いかけるアットゥ、これはピアッサの夕刻の風物詩といったところである。

アットゥというのはあだ名であり、彼女の本名を知っている者は私のまわりにはいない。このあだ名は、彼女が道行く人々の腕を無造作につかみながら、呼びかける現地のアムハラ語、アンタに由来する。アンタは、まるで日本語のような響きだが「あなた」を意味する代名詞だ。ただ彼女の場合、その語の発音が多少舌足らずのため、アットゥ、アットゥ、といっているように聞こえる。そのため、彼女はいつぞやから、アットゥと呼ばれるようになったという。ちなみに彼女は、この語を発する以外、いわゆる会話と呼ばれるものをしない。彼女は身振り手振り、ことばにもならないうめき声、叫び声で、相手に迫るのである。

アットゥのにおいは何とも形容しがたい強烈なものである。安酒場でよく、アタラということばを耳にする。アタラは、ソルガムやテフ（イネ科の穀物）を醸造してつくる地酒タッラの底にたまる沈殿物を指す。私は彼女のにおいから、ストリートの人々の欲望、悲しみ、夢をスポンジのように吸収し堆積したアタラが、さらに発酵を重ね、ふつふつと湧き上がるイメージを抱いた。

アットゥはしばしば、混雑した白昼のストリートで排泄をする。その排泄物を新聞紙を使って自らつかみとり、道路のすみに移動させる。この場面にはじめて出くわしたとき、私はうろたえたが、ピアッサの人々にとって、アットゥのこのおこないは決して衝撃的なものではないらしく、みな、何くわぬ顔をして通りすぎていくのである。

ところで、アットゥはどこからきて、どこへ帰っていくのであろうか。彼女には家族がいるのであろうか。街の人々は、アットゥには昔、兵士の夫がいたという。アットゥはその昔、家事をそつなくこなすおしゃべりな主婦であったともいう。彼女はどうして、このようにストリートでの物乞いをするようになったのだろうか。アットゥには成人した息子が一人いて、どうやら飲食店に酒を搬入する仕事で食っているとのことだ。アットゥが夕刻悪ガキたちに馬鹿にされ、からかわれるとき、その息子もアットゥに加勢し、ともに悪ガキに石を投げつけるのである。私は先に、彼女が身体を張ったパフォーマンスをおこなうと述べた。しかし、それはほんとうにパフォーマンスなのだろうか。彼女だけの現実の層には、実際に養い守るべき赤子がいるのかもしれない。

私はいつからか、アットゥをはじめとするピアッサの精霊たちが、ストリートと、どこか途方もない別世界を結ぶ存在であると夢想するようになった。彼ら、彼女たちは際限のない奥深いトンネルの入り口である。人々がアットゥにチップを支払うのは、決して憐れみの情からなのではなく、人々が気軽に踏み込んだりのぞいたりすることのできない、奥深い聖域への畏怖のあらわれなのであろう、と。物乞いをするアットゥの姿は、私にとっては、なくてはならない、ピアッサの午後の風景の一部となった。その姿がみあたらないときなどは、心にぽっかり穴があいたような感覚を抱き、自然とあちこちを探したり、ときには、靴磨きやストリートの友人たちに、今日はアットゥはどこに行ったのか、とたずねたりもした。

ある年、ピアッサからアットゥの姿が忽然と消えた。ピアッサは、突然うすっぺらく、ひらたく、無機的になってしまった。彼女はどこへ行ってしまったのか。ある日、親しくしているタクシーの運転手から、ゴンダールの郊外にある福祉施設にアットゥが保護されて暮らしていると聞いた。それは、外国のNPOが運営する障害者専用の施設であるという。私は、アットゥが気になり、花を買って、その施設を訪れた。施設の敷地内のこぎれいな舗道の端には、手入れの行き届いた花壇があった。

アットゥに挨拶できないか、施設のスタッフにたずねると、すんなりとOKの返事がきた。いくらか待ち続けると、アットゥが部屋から出てきた。髪を短く刈り上げ、清潔そうなうすいベージュのドレスを着ていた。鬼のような形相はすこしやわらぎ、おだやかになっていたように思う。あの何とも表現しがたい野性のにおいは消え、きれいさっぱりになっていた。施設のスタッフたちに手厚くケアされているのであろうか。彼女に花を手渡すと、彼女はそれを奪い取るかのように、私からもぎとりながらも、それがいったい何なのか、何を意味するのかわからぬといった困惑した表情をみせた。

彼女に祝福のことばを与え、別れを告げ、その場を去ろうとしたそのとき、彼女は花を地面にたたきつけ、私の腕をぐいとつかんだ。そして片方の乳房を突然ベロリとあらわし、私に何かをせがむポーズをとった。私のなかに大きな安堵感が広がった。

―2―

太陽のララバイ

ストリートのかたすみの段ボール製のベッドから、君はゆっくり起きあがる。そして大きなあくびをし、伸びをする。突っ立ったまま虚空を仰ぐ。そう、突っ立ったままじーっとね。そうすれば、やがて朝日のぬくもりが、夜の間に吸い込んだストリートの冷気にとってかわり、君をじわじわとあたためていくのさ。これは君にとっての朝の大切な儀式だ。ゴンダールの太陽と風は気まぐれでいたずら好き。時と場合によっては気に入らないやつを打ちのめし、あらゆる病気を引き起こす。しかし朝日は違う。君のすべてを受け入れ肯定し、一日中動けるエネルギーを与える。さてと、今日は何をしようか？　君は町のどまんなか、ピアッサ地区のペプシの広告の下で考えはじめる。

ボルコ（不潔、豚）、ドゥラ（ごろつき、無頼漢）、ゴダナ・リジ（道端の子）、バランダ・リジウォチ（軒下の子）、そしてアドゲンニャ・ボザネ（犯罪予備軍）。路上を生活の基盤とする君やその仲間たちに対する呼称からは、夜のストリートのセメントより冷たく厳しい人々のまなざしが浮かび上がる。でも、町中を巡回する警察官や酔っぱらいたち、そしてストリートで就寝する君の金品をねらう泥棒集団のひどい暴力にくらべたら、世間のやつらが君のことをどんなふうにみようが感じようが、実はたいしたことではないのかもしれない。

　君と同じようにストリートに暮らす仲間たちは、どこからともなくストリートにやってきた。その背景や事情はさまざま。紛争や飢饉、ＨＩＶのせいで家族が離散したやつらもいるけど、農村での生活が嫌になり、町の生活に漠然とあこがれてやってきたやつらもいる。職探しにゴンダールにやってきたのはいいけど、結局職がみつからず、ストリートに居着いてしまったやつも多い。

　子どもでも、ストリートじゃいろんな職業に従事できる。君がこの町にやってきたばかりのころ。まず、豆売りをはじめた。酒場の客が好んで酒のつまみに求める豆を、酒場から酒場へ渡り歩き売ったのさ。麦を炒り、塩を少々加え、ざるに敷きつめて販売したり、ゆでたひよこ豆をマスタードの粉と練りあわせて売ったこともある。その他、ミカン売り、ティッシュ売り、ライム売り、たまご売り、蠟燭売り、タバコ売り、宝くじ売り、ガム売り、粉ジュース売り、パン売り、ジャガイモ売り、薪売りもやったか。君は思い出せないくらい、いろんなものを売ったね。

　そしてそのあとは、リストロ（靴磨き）になった。ここ、ペプシの広告の下でね。出勤前の大人たちの靴を水と洗剤を含んだ布で洗い、クリームをつけたブラシで磨きあげる。場合によっては靴に空いた穴や靴底の修理をおこなうこともあった。ピアッサにはリストロのグループが複数いるから、縄張りや顧客をめぐって争いが絶えなかった。

その次はウォラットゥ（移動雑貨売り）。紙製の箱を胸の前で抱え、ビスケット、ティッシュ、チューインガム、タバコ、コンドーム、飴、お香、マッチ、ライター、整髪料、生活雑貨品を敷きつめて、夜の街をかけまわりながら商売をおこなう。君はこの仕事をはじめたとき、タバコの味を知った。ウォラットゥのもうワンランク上は、君の身長ほどの木製の板に、時計、ズボン用のベルト、下着、靴下なんかをならべて陳列し販売する仕事さ。ただ君はまだそこまではいけていない。なぜかって？　ジュースの瓶の王冠を用いたギャンブル、コマルに熱中しすぎたせいさ。

あ、そうそう、たまにバスの乗客の荷物の上げ下ろしをしたり、レストランやバーに仕入れされる酒類を店舗に運ぶタッシャッカミ（荷物運び）もやったな。あと、路上に駐車された車を水で洗ったり、駐車中の車の番をして小金をかせいだりもした。タバコやギャンブルの悪癖はいただけないが、君はほんとうに働き者だ。

くいっぱぐれたときは、ピアッサのレストランの軒先で、廃棄される残り物にありつく。野良犬より先にね。ゴンダールには四十四の正教会がある。マダニャーラム、ミキャエル、ガブリエル、マリアム、アッボー、神や聖者たちの名にちなんだそれらの教会の祭日に、人々に食事が振る舞われる。祈りが終わる夕刻に、教会のまわりに集まった物乞いたちとともに、ありがたいけど、あまりおいしくもないスンデーダボ（パン）、地酒のタッラ、インジェラ（イネ科の穀物テフを主な原料にするエチオピアの主食）にありつくこともできる。それでもほんとうに食事にありつけないときは、クリーニング屋のハセンのところにでも行こうか。世間のやつらは、ハセンのことを悪くいう。君のような子どもたちに金銭や食べ物を恵む代わりに、子どもたちの体をもてあそぶ、と。それはただの噂なのか、ほんとうのことなのか、正直君にはわからない。

ある日君は、盗みを頻繁におこなう三人の悪ガキたちから、人差し指と中指だけを器用に使うスリの方法を教わった。その次の日に早速、君はバスステーションの近くで、中年の女性のポケットから百ブル紙幣を九枚ほどと、彼女の身分証を盗んだ。もちろん最初は、すこし緊張したし躊躇したけど、やってみればたいしたことはなかった。とっても簡単なことだった。盗んだ金を全部使いはたしてしまえ、と友人たちにそそのかされながら、百ブルほどを食事のために使った。そのあとなぜか、君は良心の呵責に苦しんだ。彼女の家を探し出し、結局、お金を盗んだことを正直に告白し、残りの八百ブルと身分証を返却したのさ。そりゃあどきどきした。また警察に突き出されて、顔面が紫色にふくれあがるまでぶん殴られるのじゃないかって。でも驚いたことに、彼女は君を警察に突き出さなかった。イェマタ・インジェラ・イスタチュ、神が、夜、あなたにインジェラを与えますように（歳を重ねた晩年に、神によって、あなたに多くの恵みが与えられますように）という、とても心のこもった祝福を与え、君に彼女の子どもたちを紹介した。

彼女の家を出たあと、君はすぐに聖アッボー教会に直行し、君の犯した罪に関して、許しを乞うたのさ。盗みは金輪際やらない、とアッボーに誓った。アッボー教会はその名の通り、聖者アッボーにちなんだ教会だ。君のお気に入りの聖者アッボー。その正式名称はアッブンナ・ゲブレメンフェス・クドゥス。アッボーはすごい。エジプトからエチオピアにやってきて五百年以上生きたんだもの。野に生きたアッボーをたくさんの動物たちが慕った。アッボーの体はまるで獣のように体毛に覆われていた。

君がアッボーに魅了される一番の理由、それはアッボーが一生何も飲まず、食わなかったっていう話さ、五百年以上もね。幼少時、母の乳も飲まなかったし、水も飲まなかった。アッボーが五百二十五歳になったときのこと。さあ、おまえがこの世を離れるときが来た、と神はいった。するとことともあろうにアッボーは、死に対する拒絶の意志を示した。そう、神に対して、死ぬなんてお断りだ、と。もちろん神は怒った。私自身も十字架にかけられて死んだのに、なぜおまえも潔く死を受け入れないのか、ってね。アッボーはこう返した。この世の果実、すなわち大地の恵みをまったく受け取ってこなかった自分に、死ぬ理由などみつからない、とね。幼いころ教会の修道士から聞いたこのくだり、神とアッボーの死をめぐるおもしろおかしいやりとりを反芻するのが君は大好きだ。

バスステーションのエントランスに突っ立って、この町にやってくる若者たちをじっくり物色する。彼／彼女たちが運んでくる、七百三十キロ離れたアジスアベバの風を吸い込む。流行のヘアスタイルやファッションに身を包むお洒落な若者がうらやましいときもある。そんなときは、かけまわってかせいだ金をつぎこんで、小ぎれいな恰好をしてみるのもたまにはいい。でも君は知っている。ほんの数日で、いや数時間後かもしれない、その髪と衣服はたちまち煤と泥を吸い込み、もとのようにストリート仕様になっちゃうっていうことを。まあいいか。みなでカハ川かアンガラブ川にでもかけ下りて、水浴びのついでに洗濯すればいいだけの話さ。

ただバスステーションでは気をゆるめちゃいけない。そこはスリやならず者たちの巣窟だからね。その筆頭がカンガルーだ。君にとってはめんどうくさい相手だ。カンガルーの本名はゲブレイェスス。つまり神の父。何て仰々しく、重っ苦しい名前だ。カンガルーは、木の杖にもたれかかり、不自由で未発達な右足をまるでツタのように杖に巻きつけ、ストリートをあたかもぴょんぴょんと飛び跳ねるように走りまわる。彼はその姿にちなんで、カンガルーという名で呼ばれている。

カンガルーはバスステーションに張り込み、長距離バスでゴンダールへ到着したばかりの外国人観光客をつかまえる。そして拙い英語で、事実かフィクションかはさておき、恵まれなかった彼の生い立ちについて口八丁手八丁、矢継ぎ早に語る。相手が同情し、彼のことを憐れむのにつけこんで、小銭をせびる。また、ホテル、雑貨屋、手ごろな食堂、史跡などを観光客に紹介し、客を送り届けた先々で斡旋料を受け取り、生活の糧としている。やつもまた君と同じストリートの住人さ。カンガルーは、同じくバスステーション界隈を仕事場とすることが多い君を目の敵にしている。君にまとわりつき、唾を吐きかける。君はこのいまいましい野郎のことをできれば避けたいと思う。でもやつはいつでもどこからともなくあらわれ、君に罵詈雑言をあびせかけてくる。つい昨夕も、やつは道路の向こう側から君に向かって石を投げるポーズをしたよね。やい、貴様、今日はいくらかせいだ？　だってさ。まったくふざけるなよ。

ただ、君はあのときのことを忘れることができない。たしか雨季が終わりしばらく経って、エチオピア新年を象徴する黄色いヒナギクがそこらに咲きはじめたころだった。家をもたず、ストリートで暮らすカンガルーが、泥まみれのうす汚くやせ細った野良猫の赤子のために段ボール製の家をつくろうとしていた。あんな優しそうな表情をしたカンガルーをみたことなんてなくて、とても居心地の悪い、妙な気分になった。彼は、君の視線にすぐに気づき、気まずそうな表情をみせたけど、すぐにいつものように君をキッとにらみつけ、雨のなか、杖にすがって、跳ねるようにどこかへ飛んで消えていった。

仕事と仕事の合間に、君はビデオベット（ビデオ小屋）に足を踏み入れるときがある。そこには何やら汗臭いむっとした熱気が満ちあふれている。君の顔見知りたちが我を忘れ、食い入るように一台のテレビモニターをみつめている。わずかばかりの入場料で何時間もいろんな映像を楽しむことができる。この町ではテレビやインターネットが各家庭に普及しているわけではない。ビデオベットは、家屋の居間を開放し、テレビの録画映像をみせるものもあれば、町の食堂を一定の時間だけ借り切って、スポーツの衛星中継をする場合もある。悪さを企み喧嘩にあけくれる町のチンピラたちは、ビデオベットで一時休戦する。托鉢をなりわいとする教会の聖職者のたまごも、物乞いをする者もいる。カンガルーとだって、ここで出くわしたのなら一時休戦さ（いやそんなことはないかもしれない）。

ビデオベットはストリートを主戦場とする君がほっと一息をつくことができる場所だ。ビデオベットは君の大切な聖域だ。中東のメロドラマ、ハリウッドのアクション映画、香港のカンフー映画……派手な決闘シーンやカーアクションならわかりやすいが、シリアスなドラマのなかで交わされるアラビア語や英語を、君が完全に理解しているわけじゃない。登場人物の表情やしぐさ、立ち居振る舞いに対して君なりの解釈を与え、他の連中の邪魔にならないようヒソヒソ声でつぶやいては、一喜一憂する。

ただ受動的に映像を楽しむだけではない。君はＭＴＶのヒップホップやエチオピアのポピュラー音楽のアーティストの動きを全身で模倣し、アムハラ語と英語を織り交ぜた新たな歌や踊り、そして新しいことばをも生み出していく。イングランド・プレミアリーグの試合中継は決して見逃さない。君のひいきのアーセナルが勝とうものなら、一気に屋外へ繰り出し、アーセナルびいきの仲間で輪になって、チームの名を連呼しながら、町をかけまわる。音と映像を全身で吸収し、世界と呼応し響きあい、ストリートに向けて叫ぶのさ。

くいっぱぐれて空腹と戦うとき、君はいつも何も飲まず食わなかったというアッボーに思いをはせる。そしていつも決まって君は心のなかでつぶやく。いざ自分が死に際したら、神と言い争ってやる。俺もこの世の果実に恵まれてこなかったから、死ぬ理由なんてないってね。でも待てよ、そんなに悪いことばかりでもないか、と、同時に考える君を、私はちゃんと見守っている。

3 ムルの蛇

染みなのか、絵なのか。はじまりも終わりもない。青、赤、白、黄、紫、緑、無数の点が、四方八方に飛び散る。それらは互いの色を引き立てながら、まばゆいばかりの光を放ち、くねり、うねり、とぐろを巻き、ストリートのすみずみを、そして世界をくまなく照らしはじめる。まぶしさに目がくらむ。

ムルという名の物乞いの女性が、私のノートに打ちつけた点描画。常宿の私の部屋には物乞いから楽師、ストリートで生活する子どもや、観光客をだまして小銭をかせぐ、胡散臭い自称〝ストリートガイド〟まで、いろんな輩が頻繁に訪ねてくる。ムルもそのなかの一人だ。仁王のようにカッと見開いた眼。それとは不釣り合いな優しい微笑みをたたえた口元。ストリートの煤や泥を吸い込んで、もとは何色であったかわからない黒ずんだスカート。外見から察するに、彼女の年齢は四十代後半ぐらいだろうか。街の人たちはいう、彼女は年をとることをずっと昔に忘れ、いつまでも少女のままなのだと。

ムルはつま先立ちで歩き、上体をすこし傾け、あたかも浮遊するようにストリートを行ったり来たりする。街の雑踏と人々の流れに溶け込まない、何かよくわからない清らかなかたまりが、すいすい、ふわふわと漂ってきたとすれば、それはムルである。どこからともなくあらわれ、またどこかへスーッと消えていく。ストリートの子どもたちも、なぜか彼女にイタズラをしたり、ちょっかいを出したりすることがない。

ムルは私の宿の近くに来ると、甲高い声でユー、ユーと叫ぶ。彼女にとって、ユーが外国人の総称なのか、私のみを指すのかはよくわからない。ストリートを見下ろすと、部屋を見上げるムルがいる。こちらが応えると、恥ずかしそうに眼をそらし、うつむき、そのまま音をたてずに階段を上り、部屋にやってくる。部屋のなかに迎え入れると、私と目を合わすことも、会話をすることもなく、椅子に腰かけ、うつむいたまま、私のフィールドノートを手にとる。そして、テーブルの上にあるいくつかのペンを使い、たくさんの点を打ちはじめる。延々と、延々と。点はやがて線となり、蛇となり、うねりはじめる。何ページも何ページも。ムルと私はほとんど会話を交わせたことがない。おだやかにたたずみ、ノートに点を打ちつけるムル。安らぎの時間が流れはじめる。すると私のなかの記憶と感覚のキャンバスに、田舎の川で遊ぶ少年がすこしずつあらわれる。

初夏の盆地。水がひかれたばかりの田のにおい。ニイニイゼミの鳴き声。すると突然、しびれるような感触が私の右手人差し指の第一関節のあたりによみがえる。蛇を素手で捕獲するのをどんなことよりも得意とする私。息をひそめて蛇にゆっくり近づく。尻尾のほうをつかんでもうまくいかない。ねらいは首もと。首もとを両手でぎゅっとしめつける。蛇は、顔をそむけたくなるような強烈なにおいを放ち、私を、あるいはヒトという存在を激しく拒絶する。アオダイショウ、シマヘビ、カラスヘビ、ヤマカガシ、蛇を素手で捕獲するコツをつかんだ私は、家で飼育したり(ヤマカガシに脱走された)、学校帰りに蛇を抱えて、神社に隠れ、通りがかった学友を脅かしたり、得意な気分だった。ただマムシを捕獲したことはなかった。そのみるからに毒々しい模様と、三角の頭をもった類の蛇が危険であること、どの蛇とも異なる独特の生臭いにおいを放つことはじゅうぶん知っていた。

あるとき、近所の友人たちと川で遊んでいると、マムシが水辺でとぐろを巻いていた。愚かなことに、それを捕獲し、居合わせた友人たちを驚かせようという邪心が自らを突き動かした。いつものようにそっと近づき、すばやく蛇の首元をつかむ。またしても、軽々と捕獲できた、と誇らしげに思った瞬間の出来事であった。右手人差し指の第一関節をするどいしびれが走った。痛みはまったくない。強烈なしびれである。村の診療所にかけこむと、私の指に残された蛇の歯型をすぐに医者が調べた。不思議なことに、医者は歯型が毒蛇のものではないと判断した。夜半、指から手首にかけて完全に麻痺し、手の甲と腕は紫色に変色し二倍近くに腫れ上がった。痛みがないかわり、手から腕のつけ根にかけて激しく熱い。深夜、熱にうなされた私はたくさんの汗をかき、自らの肉体から右腕が乖離してしまったかのような感覚をおぼえた。救急車で病院に運ばれ血清を打ち、何とか一命はとりとめた。その後、人差し指が腐り落ちるのかと思ったが、数週間かけて腫れはおさまった。ただし、指の骨は毒にやられて一部溶けてしまい、人差し指は右側にすこし曲がってしまった。近所の住民はいった。悪童にとうとうバチがあたり、自業自得なのだと。それから今にいたるまで、右手人差し指の第一関節は曲がらない。ボールを投げると、必ずそれは右にそれていく。

ムルが部屋に来ると、どこから聞きつけるのか、しばらくして必ず宿の主人である老人が杖をついてやってきて、ムルを私の部屋からつまみだしてしまう。ムルは点描画を描く儀式を邪魔され、ときには声にもならない声を喉の奥から絞り出し、またときには、立ち去るのが当然、とでもいうように、黙ったまま部屋を出て、階段を下りて、そのままスーッとストリートに吸い込まれていく。宿の主人は、私がムルを部屋に招き入れることをとても不快に感じているようであった。優しくおだやかなムルの何がいけないのか私には理解できなかった。ムルの蛇はつねに未完成のまま私のノートに残される。いや、はたしてそれは完成することがあったのであろうか。

各国を行き来するなかで、不思議なかたちで蛇に出会うことがよくある。私と一緒に仕事をしたアーティストや学者たちが、蛇の夢をみるという話がしばしばある。私がつくった楽曲を提供したイスタンブールの影絵師は、蛇が川を優雅に泳いで渡るイメージが浮かぶという。そして蛇が川を渡りきると、川の両岸に花が咲きみだれるのだという。モントリオールの踊り子は、踊っている彼女の脊髄を蛇がゆっくりはい上がり頭上に到達したときに、彼女の髪の毛に多くの果実が実るのだという。アジスアベバ大学の歴史家は、私と共催したセミナーの前後に蛇が空を泳ぐ姿をみるといっていた。ゴンダールには、ザールと呼ばれる憑依儀礼がある。霊媒の多くは女性であるが、彼女たちは夜な夜な大蛇と交合する夢をみるという。その夢はつねに、彼女たちが霊力を備えはじめた矢先にみるものとされ、彼女たちが精霊の馬、すなわち霊媒となるサインとされている。

ムルはあるとき私の宿の前で、大型のトラックにはねられ、あっけなく亡くなった。私が隣街に所用で数日だけ出かけていたときのことであった。ムルはひょっとすると私のフィールドノートに、いつものように蛇を打ちつけにやってくる途中だったのかもしれない。

私のフィールドノートには、完成することのない彼女の蛇が残された。ムルが亡くなってからずいぶんと長い時間が経った。記憶のなかのムル。仁王のようにカッと見開いた眼、それとは不釣り合いな優しい微笑みをたたえた口元。フィールドノートを開けば、音をたててムルの蛇は大空高く舞い上がる。ストリートの雑踏、埃、におい、色を撒き散らしながら、とぐろを巻き現前の風景に、記憶に侵入し、私を内側から揺さぶり続ける。蛇になっても、ムルは私のノートに打ちつけるのだろう。延々と、延々と。

―4―

たまご売りの少女チャイナ

空が突然咆哮する。雨が激しく大地を打ちつける。ストリートの端々を茶色い濁流がかけめぐる。人々の欲望を飲み込み、洗い流していくかのように。雨にしばし仕事の邪魔をされることになるストリートの輩たちは、舌打ちをしながらも、この雨が農夫たちに、そしていずれは自分たちにも恵みをもたらすだろう、と心のなかでつぶやきながら、道路わきの店々の軒下に避難する。そして、互いに身を寄せ合い、じっとたたずみながら、灰色の天をにらみつける。

三十分もすれば雨は止む。まるで何ごともなかったかのように、どこかに隠れていた太陽が戻ってくる。雨に洗い流されたあとの世界は、光を受け、くっきりとした輪郭をもって浮かび上がり、また再び、力強く呼吸をはじめる。

ミニバスの添乗員の少年が乗客をかき集めようと、威勢のいい声を張り上げる。移動露天商は菓子やタバコのつまった箱を抱え、ストリートに踏み出す。雨宿りをしていた物乞いの少女が目のみえない母の手をひき、酒場を恐る恐る覗きこみ、金をくれそうな客がいないかうかがう。靴磨きの少年のグループが、しばし中断していた時間をあわてて取り戻すかのように、せっせとリズミカルに体を動かし、顧客の靴を磨き上げていく。ゴンダールのストリートは働く子どもであふれている。ストリートは子どもたちにとって経済活動の母胎であると同時に、生き抜くために、したたかに自己を表現する劇場でもある。

やがて夕方が訪れる。夜がやってくる手前の、この時間帯がたまらなくいとおしい。シュルンシュルン——何を目的とすることもなく人々がぶらつくこと——。道路を行き来し、出会った友人、知人と雑談をし、今日一日起こったことを報告し、近況についてたしかめあう。お子さんは元気か。お父さん、お母さんはどうだい。今日の店の売り上げはどうだった。親族について、あるいは仕事についてたずねるのもよい。知人に関するたわいもない噂話もよかろう。ただ、シュルンシュルンのほんとうの目的は、情報の収集でも、潤滑な近所づきあいの根幹であるおしゃべりの維持でもない。いやそもそも、目的などということばは適さない。ただ何とはなしに、人とのつながりをたしかめあい、人のぬくもりにふれ、夕暮れのなか、行きかう。シュルンシュルン、シュルンシュルン。

その少女の名はチャイナといった。肌の色がうすく一重まぶたの少女は、アジア人っぽいという理由から、チャイナという愛称で呼ばれる。私が夜のストリートをぶらぶらしていると、ゆでたまごがぎっしりつまった水色のバケツを肩に乗せたチャイナがあらわれ、カワセ、たまごを買ってよ、と走り寄ってくる。いらないと断るとすかさず、あなたにじゃなくて、私に買ってよと返す。結局二つ買い、分け合って食べることになる。彼女は片手でさっさと器用に殻をむく。チャイナと同い年ぐらいの少女サナエトゥーが、ゆでたジャガイモをつめたバケツを持ってかけよってくる。そうすることが当然のように、ジャガイモを買えとせがんでくることもある。チャイナは新聞紙の紙片をていねいに開いてそのなかの塩をくれる。彼女の髪の毛からは安物の石鹼のにおいが漂う。

チャイナの額には、農村出身の女性特有の、キリスト教正教会への帰属を示す十字架の刺青が刻まれていた。彼女はおどけた表情で、この刺青を、村の刺青師の女性——刺青から髪結いから何でもこなす中年の女性であったという——に入れられたときのことを話した。刺青の墨の原料は、タイヤを燃やす際に発生する煤。この煤を、水で溶かし、植物の葉を絞り出して出てきた液体と混ぜあわせ、黒いインクのような液体を用意する。このインクで額、首、あごなどに図柄を描く。そして、その図柄にそって、裁縫用の針を細かく打ち込み、肌にこのインクをしみこませていくのだ。もちろんこれは痛い。痛くて泣き叫ばないよう、母親は幼いチャイナに蒸留酒のアラケを飲ませた。酒を飲み酩酊状態になれば、痛みも忘れるのだという。彼女はそれ以来、酒を飲み、さらにはタバコを吸うようになったとのこと。仕事の合間に道路の端っこにたたずむチャイナ。世俗の臭みを吸いきったような冷めた表情でタバコをふかすその姿は、なぜか堂々としていて、実際の年齢より、彼女を年上にみせるのであった。十代なかばの少女には不釣り合いな厚化粧は、街の人間が田舎者の印として馬鹿にする、額の十字架を隠すためだったのだろうか。

チャイナはよく、あなたの国に連れてってよ、といった。何も答えられずにいると、水色のバケツを抱えて、ケラケラと高らかに笑いながら走り去っていく。チャイナが、たまご売りの仕事をやりながら、体を売る商売をしていた、と知ったのは、ずっとあとのことだった。

ゴンダールを歩いていると、私を呼ぶ懐かしい声がした。それは、大人になったチャイナであった。十年ぶりの再会であろうか。彼女は、ゴンダール屈指の観光スポットであるファシラデス帝の宮殿のすぐわきに、小さなカフェを経営していた。恰幅のよくなったチャイナは、民族衣装をまとい、私のためにコーヒーセレモニーをおこなってくれた。これは女性がおこなう、もてなしの精神が凝縮した日常の大切な儀式である。コーヒーを飲む私に、チャイナはとりとめもない話をした。中東へ出稼ぎに行ったこと。カフェの開店のために出資してくれたドイツ人のパトロンのこと。

サウジアラビアのリヤドはほんとうにひどかったのよ、チャイナはいう。ある商家のメイドになった。インドネシア、フィリピン、バングラデシュ、そしてエチオピア。リヤドへは、いろんな国から出稼ぎにやってくる。これらの国々からやってきた女たちに対する雇用主の暴力、賃金の未払い、トラブルはあとをたたない。しかしながら、最近東南アジアの国々は、自国の労働者の劣悪な労働環境を改善するよう、政府レベルでサウジ側に圧力をかけつつあるという。雇用主からすれば、このような国の労働者を雇うより、手厚く保護されていないエチオピアの人間を雇い入れるほうが手っ取り早く、都合がよいのである。

チャイナのパスポートは空港を出たところでブローカーに取り上げられ、保管された。家の主人はチャイナに暴力をふるい、おまけに性的な接触も試みようとした。この主人の妻は、夫がチャイナに気を向けつつあることを察し、嫉妬に狂い、チャイナに辛辣に当たるようになった。命からがら何とか家を飛び出し、エチオピア街の仲間たちのサポートを受け、すっからかんになって帰国した。そのあと、リヤドで知り合った女友だちのつてで、アジスアベバの飲食店で働いた。しばらくすると、その店をよく訪れるドイツ人のボーイフレンドができた。彼は既婚者だが、彼女に少なくない援助をしてくれるらしい。

アムハラ語のことわざに「カスバカス、ウンコラル、ベグルイヘダロ」、すなわち、たまごはやがてヒヨコになり、すこしずつ歩きだす、というものがある。このことわざは、長い時間をかけて目標を達成する、あるいは、ものごとをおこなうには、ゆっくり時間をかけなければならない、という意味をもつ。同時に、そのためには忍耐を要す、という含意もある。このことわざを引き合いに出し、たいしたものだなあ、と彼女のことをほめると、チャイナはケラケラと笑っていった。私はまだまだ、たまごなのよ、と。

チャイナのあどけない笑顔が、ふと浮かび上がるときがある。すると、シュルンシュルン、シュルンシュルンのぬくもりと同時に、夜の冷気を吸い込んだたまごの殻のひんやりとした感触が私のなかによみがえるのである。

―5―

神にささげる歌

神様は機織り職人
神様の機織りは下手である
織るにつれて　ほどけていく

神にささげる歌の一節だ。酒場の喧騒とタバコの煙のなか、少年は虚空をじっとみつめながら歌う。弦楽器マシンコを奏で、眉間にしわをよせ、顎をすこし上げながら。少年の歌声などおかまいなしに、酒場の老人たちは雑談を続ける。弦楽器が繰り出すメロディはおぼつかないが、歌声は力強い。しかしその歌声は、土曜の昼間の混雑した酒場を支配することはできず、人々の熱気にむなしく吸い込まれていく。

少年の名はタガブ。音楽芸能をなりわいとする職能者、アズマリとして生まれた。アズマリは、王侯貴族に仕える宮廷楽師、道化師、政治的な扇動者、社会批評家、そして庶民の意見の代弁者として、権力に寄り添い、ときには抗し、古くから活動をおこなってきた。

タガブは酒場から酒場を渡り歩き、酔っ払いにからまれようが客に無視されようが歌う。まずはアズマリのルーツを示し、生のはかなさや世の無常を説く、神にささげる歌を歌いあげる。徐々にテンポを上げ、ゴンダールにまつわる恋歌をたたみかけ、そして即興詩を盛り込んだほめ歌へとつなぐ。客がどんなに盛り上がっても、当の本人はしかめっ面のまま。

アズマリとして生きる日常は決して楽ではない。アズマリは世間からは鍛冶屋、皮なめし、壺づくり、機織りなどを専業とする、モヤテンニャ（手に職をもつ者）という範疇に入れられ、蔑視されるのである。モヤテンニャとの通婚は一般的に忌避される。それどころか、日常会話において、アズマリという語は物乞いや意味のないことをぺらぺらしゃべる者を指し、人を中傷するときに使われたりもする。

商売道具の弦楽器マシンコは、人々にとってタガブがアズマリであることを示す目印だ。楽器を背中に背負い歩くタガブに、ときには容赦ない罵声が投げかけられる。ヤギの革を張った共鳴胴、共鳴胴を貫く固い樹木ワンザでできた棹、馬の尻尾の毛を束ねた弦、オリーブの木を湾曲させた弓。人々の嘲笑の引き金になるこの負の刻印を、タガブはバスでの移動時にはそそくさと解体し、うすっぺらい布のカバンに隠すのである。

歌う機会を追い求めて酒場を渡り歩いても、縄張り意識の強い大人のアズマリたちにみつかれば、たかだか十代なかばの楽師は追い払われてしまう。せっかく客をみつけたとしても、演奏技術の拙い少年に、多くのチップが払われることは珍しい。

今日は市の日だ。郊外の村々から徒歩でやってきた農夫たちの一団は、換金用の穀物を午前中に売り終え、晴れ晴れとした表情で蜂蜜酒に舌鼓を打ち、騒いでいる。酒場の外には、作物の運搬役のロバたちが役目を終え、身動きせずにたたずむ。その老人の集団は五、六人でインジェラを取り囲み、何やら興奮気味に話し込んでいた。

いつのまにかイタイアも酒場に合流した。タガブと同い年のアズマリの少年である。イタイアは、老人たちの集団からすこし距離を置き、楽器を膝に置いて座り、じっとタガブをみつめている。付近の酒場で流していたが、チップはどうやらさっぱりだったのだろう。一銭ももらえなかったらしいことは、イタイアの表情を一瞥するだけでタガブにはわかる。イタイアはつい一年前に一念発起し、町の小学校に通いはじめた。しかし、アズマリの出自をもつということで自分よりうんと若い同級生たちにいじめられ、たまりかねて学校を辞めてしまった。

タガブとイタイアはゴンダールから三十キロ南に位置するアズマリの村からやってきた。町の中心ピアッサの裏手にある低所得者が集住するエリアに、二人が部屋を借りて暮らす宿がある。イタリア統治時代のいわゆる赤線地帯であったそのエリアは、今日も安酒場が密集し、売春が横行し酔っ払いたちのいざこざや窃盗事件が絶えない。二人が住むのは、遠方の農村から市にやってくる農夫たちが利用するきわめて安価な宿である。土の床にアゴザと呼ばれるヤギの皮のうすい座布団を敷いて、ぼろ布のような毛布を頭までかぶって寝る。アゴザにはノミやダニのおまけがついてくる。一晩宿泊したとしても地酒一杯分程度の宿代を、二人はここしばらく滞納中であり、宿の主の老女からは、すぐにでも出ていけと、ガミガミ叱られる日々だ。

集団の中心にいる恰幅のよい男性は、羊肉の骨の髄を音をたててうまそうにしゃぶり、大声でがなりたてている。タガブは空腹をこらえながら、傍からみて羽振りのよさそうなこの老人をターゲットに定めた。唾液を飲み込む。老人の眼前に踏み込み、彼の眼をじっと見据える。マシンコで短い旋律を繰り返し、歌いはじめるタイミングを見計らう。左足で軽快にリズムをとる。タガブの意図を見抜いたのか、老人は不機嫌そうなまなざしで見返してきた。まるで犬か猫を追い払うように、あっちへ行け、というしぐさ。発酵した蜂蜜の甘酸っぱいにおいが鼻をつく。タガブはすかさずターゲットの老人の名前を、彼と同席する男性に聞き出した。どうやら老人の名前はアダナというらしい。

アダナさんあなたのユーモアにあふれたお話が好き
お腹に蜂などいないのにあなたの口から蜂蜜があふれだす

蜂蜜を愉快な話ととらえ、相手が話し上手な楽しい人であることを示し、相手の機嫌をとる歌である。なおも怪訝な表情をみせながらも、老人はタガブのほうを向き、手を叩き、肩でリズムをとり、歌にゆったりと身を任せはじめた。先ほどまでの邪険な態度をすこしずつ溶解させていく老人をながめながら、タガブは心のなかでしめた、チャンスだと思った。老人のリアクションを注意深く観察しながらタガブはさらに歌い続ける。

アダナさんを笑わせてみよう
三十本ある歯のうちに　金歯がみえるから

金歯は富の象徴だ。すなわち、金歯という語を用いて、この老人が裕福であるというストーリーをつくりあげたのだ。もちろん、歌いかける相手の名前を変えれば誰にでも通用する歌詞である。この老人、アダナには金歯などないのであるが、うす汚い歯を光らせ、ガハガハと笑い、陽気に踊りはじめた。タガブのストーリーに乗せられたわけだ。しかしながら、どれだけ歌っても、どれだけアダナ老人をほめても、タガブに対して彼からチップが払われる気配がない。歌いかけられた相手は通常、歌い手のおでこに紙幣をはりつけ謝意を示すのが流儀であるのだが。しびれをきらしたタガブは、何度か演奏を中断し、弓で自らのおでこをコツコツ叩き、チップをよこせという身振りを一団にみせつけた。タガブのこの動作に対して冷めた視線を送りつつ、老人たちはまるで何ごともなかったようにすぐに歓談に戻ってしまった。タガブなどまるでそこにいないかのように酒を酌み交わす酒場の客たち。蜂蜜酒を運ぶ給仕の女性が大きく口をあけ、かすれた声で、タガブに何か伝えようとした。よく聞き取れないが、もう演奏はじゅうぶんよ、別の場所に行きなさい、という意味であることはたしかだ。タガブは舌打ちをし、演奏を止めた。そしてイタイアのほうを向き、おまえの番だという合図を目で送った。

マシンコを膝の上に乗せ、馬の尻尾の毛が束ねられた弦を軽石でこすりながら、演奏の順番を待っていたイタイアは、あまり気乗りがしないのか、ゆっくり立ち上がった。力のない頼りない声、はりのない弦の音。客たちへの愛想笑い。歌にも演奏にも自信のないイタイアはしかし、マシンコをパーカッションのようにあつかうのが得意である。左手の人差し指で弦をはじきながら、ヤギの革の共鳴胴を弓で太鼓のように打ち鳴らす。しかしながらそれでもなお、老人たちが耳を傾けることはない。こいつら、酔っ払いの馬鹿やろうだ。きっと懐が寒いのだろう。すぐにこの場を去ろう。イタイアは、歌詞と歌詞の間を縫うようにタガブに隠語を用いて伝えた。隠語は、まるでことば遊びのようなものだ。単語を後ろから読んだり、子音をもじったりするだけの些細なトリック。それでも、そんな語彙を会話のなかにちりばめられたら、相手にはまったく理解不可能なのである。アズマリは日常会話において、あるいは演奏の場で、この隠語を自らの活動に有利なように戦略的に用いるのである。

そうだ、城へ行こう。今日はきっと外国人の観光客がいっぱい見学に来ているはずだ。とタガブ。いやあ、あんなところに行っても、どうせガイドたちに邪魔されて、追い払われるのがオチさ。ほかの酒場にしようぜ。イタイアは答える。気乗りのしないイタイアを、同じく隠語を用いてせかしながら、タガブは酒場から街へ踏み出した。

ジャンタカル公園の巨大なイチジクの木の横を通りすぎると、ゴンダール時代の歴代皇帝たちが建てた王宮や城がみえてくる。歴史上の英雄の名前とともに、アズマリの歌によく登場するこの巨木や城は、誇り高き北部のアムハラ人の心のよりどころであるといっても過言ではない。かつて王侯貴族たちは、お気に入りのアズマリを抱え、城のなかでの晩餐会や野営の晩のひとときに、アズマリたちに自身をほめ讃える歌を歌わせた。王たちから、武勲を示す冠位を授かったアズマリや、歌の報酬として広大な土地を受け取ったアズマリも存在した。

ピアッサの交差点にさしかかろうとしたとき、道路の向こう側から、数人の子どもたちがマシンコを演奏する姿を模倣しながら、はやしたててきた。「アズマリ、アズマリ、アズマリ！」。アズマリ。なぜ自分は、人々から蔑まれながらも歌い続けるのか。答えのない問いは、タガブの心のなかでふつふつと煮えたぎる。そんなとき彼は、幼いころから、母が話してくれたアズマリの起源についての話を思い出す。

年老いて病身の聖母マリアは床に臥し、自らに差し迫る死の瞬間を恐れていた。神はそんなマリアに対して、死は万人に等しく訪れるものであり、恐れるべき対象ではないと諭した。いよいよマリアに死が迫るなか、神は天使のエズラとダーウィットを呼んだ。エズラにマシンコ、ダーウィットに竪琴を演奏するよう命じる。二人は「どんなことを試みようが、死は必ず誰にでもやってくる」と歌った。エズラとダーウィットが演奏を続けると、マリアは、死に対する恐れをすっかり忘れ、まるで眠るように死を迎えた。

アズマリたちの間では、アズマリが、天使エズラの子孫だという話が広く伝えられている。アズマリの出自をほのめかす起源伝承は、アズマリが演奏する際に必ず最初に歌う、神にささげる歌のなかにもしばしば登場する。アズマリたちは、世間からつまはじきにされようが馬鹿にされようが、このストーリーを頭のなかに思い描き、集団の聖性をあたかも自らに言い聞かせるように歌を通して確認するのだ。

ミュージックショップの音割れしたスピーカーから、大音量で音楽が流れてくる。分厚いシンセサイザーのメロディとリズムによって、マシンコの音がほとんどかき消されている。しかしながら、男女のかけあいは、ファシラデス王の城や、ラス・ダシャン山等、ゴンダールの史跡や地名をいとおしい恋人にたとえ、矢継ぎ早に展開してみごとである。店の扉に貼られたポスターには、まばゆいばかりの白地の晴れ着を身にまとったアズマリの夫婦が微笑みかけている。エチオピア北部を代表する歌手、アズマリ夫妻のデュオである。スピーカーのすぐ下に、一人の少年がじっとたたずみ耳を傾けていた。楽器は持っていないが、タガブやイタイアと同じ村出身のアズマリの少年である。若いアズマリたちは、ラジオやミュージックショップから流れてくる歌に耳を傾けて、歌詞を暗記し、自らの歌や演奏に反映させていく。ポスターの夫妻は、ゴンダールに住みながら、アズマリベットと呼ばれる、アズマリ音楽専門の酒場を経営している。ラジオからは二人の歌声が頻繁に聞こえてくる。

酒場を渡り歩く流しのアズマリたちにとって、アズマリベットの専属歌手として、安定した収入を得ながら活動するのは大きな目標である。多くのアズマリから羨望のまなざしを受けるこのアズマリ夫妻は、ふだん結婚式の饗宴にもひっぱりだこである。ただ、タガブとイタイアは遠い親戚でもあるこの夫妻のことを、決してよくは思っていない。結婚式の饗宴は、戸外の白いテントのなかでおこなわれ、上機嫌の客たちからチップをたくさんもらえるだけでなく、タダ飯にもありつける、貴重な機会だ。そこに忍び込み、演奏しようと試みる二人を、この夫妻はいつもまっ先に邪険に追い払うのである。酔っぱらった大人たちの誹謗中傷よりも、縄張り意識の強いアズマリの大人たちのほうが、子どものアズマリにとってはよっぽどやっかいなのである。

タガブはポスターをながめながら、いつかは、この二人を越えるような歌手になってやる、と自らに強く言い聞かせた。自然とこぶしに力が入る。

城壁の玄関口では、アズマリの子どもたちが隊列をつくり、城の見学を終えて出てくる外国人観光客を待ち受けていた。もちろん、観光客からチップをもらうのが目的である。アズマリの隊列のなかで一番幼い少女ゼンモモは七歳。エチオピア新年のシンボルである黄色いヒナギクを束ねて持っている。どうやら観光客に渡すらしい。まるで当然のごとく、タガブとイタイアは隊列に加わり、他の子どもたちと一緒に、マシンコのシンプルなメロディをひたすら繰り返しはじめた。そうこうするうちに、数名の観光客が門から出て、隊列の後ろにあるジープに向かって歩いてきた。子どもたちは、彼らの気を引こうと、演奏を加速させる。少女たちは花を差し出そうとする。しかしながら観光客は、子どもたちに微笑みかけるだけで、隊列を通り越し、ジープに乗り込んでしまった。消え去るジープをみつめながら、みな呆然と立ち尽くす。空腹のあまりタガブの腹が鳴った。もう一日半まともに食事をしていないことを思い出しながら、あきらめたように城からすこし離れた小高い丘の上にかけ上がった。東の彼方にはタナ湖がうっすらと浮かび上がり、南の彼方には巨大な岩山が夕日を浴びて神々しく輝いていた。タガブは楽器を放り出し、丘の上に寝転がった。

エズラはマシンコ　ダーウィットは竪琴を演奏した
彼女は死の苦しみから解放され　安らかに息をひきとった

聖母マリアの死の苦しみをやわらげるために歌った天使エズラ。神にささげる歌を、まるで呪文でもかみしめるように低い小さな声でつぶやきながら、タガブは大きく深呼吸し、目を閉じ、続けた。

神様は機織り職人
神様の機織りは下手である
織るにつれて　ほどけていく

機織りという行為を、神が万物に与える生と死にたとえた歌詞。神は次々に生命を与える（織る）が、同時に死も与える（ほどく）。死に対する諦念とも、死を必ず与える神に対する諷刺ともとることができる。タガブは、この歌詞を何度もつぶやいた。すると一瞬、それが自分自身の声ではなく、どこかとてつもなく遠い世界から届く音であるかのような感覚にとらわれた。いてもたってもいられなくなり、楽器を持って立ち上がった。

―6―

高原のチャップリン

遠くから私を呼ぶ声が聞こえる。呪文とも、唸りともつかない不思議な歌声。途方もない彼方からこちらにやってくるその歌声は、時間と空間が未分化な場所へと、私を誘うかのようだ。そんな歌声との出会いが、いく度かあったように思う。

エチオピア高原の町から町へと、分厚い布をかぶった青年が旅をしている。彼の足取りは快活だ。太陽が昇る前から、訪れた町の家々の戸を叩いて歌う。青年の名はテラフン。多くの土地を訪れるためであろうか、彼は複数の民族のことばで歌うことができた。ゴンダールにある日突然ふらりとやってきたその青年の歌声に憑かれるように、私は彼を追いかけて旅をし、家から家、町から町へとともに渡り歩いた。

蜜のように麗しく湖のように心が広いあなた

さあ私にしっかり目を向けて
宝石のように美しいあなた
隣人からの尊敬と多くの子牛の恵みをあなたに
ほらどうぞ、といって与えて私の幸運を証明して
ほらどうぞ、と与えて私の豊かさを証明して
われわれは神のはからいで会うことができた
死がわれわれを別たないかぎり、このように会うことができる

テラフンはラリベロッチ（単数ではラリベラ、あるいはハミナ）と呼ばれる吟遊詩人である。ラリベロッチは単独で、あるいは男女のペアで、エチオピアを広範に移動し、早朝に家の軒先で歌い、祝福のことばを与えて去っていく。テラフンが携えるビニール袋には、戸口で受け取ったインジェラが投げ込まれる。金品や衣服、食べ残しの食物を受け取ったあと、テラフンはそれらを渡した人物に対して「イグザベリ・イスタリン（神の恵みあれ）」という特定のフレーズからはじまる祝詞を贈る。あえてとなり近所の住民に聞こえやすいよう、家に背を向けて、金品を与えた人物をほめ讃える祝詞を歌う。やや仰々しいドラマチックなトーンで、空間をじわじわと支配していく。

神の恵みあれ
神の恵みあれ
災いよ去れ
神の祝福をあなたに
神が使徒や預言者の声を聴いたように
あなたの声にも注意深く耳を傾けますように
傾いているので枕をくれ
ここちよくないので起き上がらせてくれ
そう遠慮なくいえる国がある
神がその国へとあなたを導きますように
末代まで祝福を

祝詞を受け取る人々は、両方の手のひらを天に向け、アーメン、アーメンとつぶやきながら、恵みを受け取るポーズをする。テラフンはしたたかだ。しばしば歌いかける相手に関する情報を近所の住人から聞き出し、歌詞のなかに取り込んでいくのである。これらの情報には、歌いかける相手の名前のほか、宗教、職業、家族構成等が含まれる。それらの歌詞は聴き手の気分を高揚させ、聴き手を施しへとかりたてるのである。たとえば早朝、小学校に登校する前の子どもたちがバケツに水をくみ、軒先で顔を洗っていたりする。また女たちが家の玄関先で炭火を使って朝食を調理していたりもする。そこへテラフンはやってきて、ここの主人は誰だ？　と聞く。たずねられた者は、まれびとの突然の来訪にとまどいつつも、ただならぬテラフンのその迫力に押されて、家の主人の名前を答えてしまう。

たとえば、家の主人の名前がフセインだということにする。フセインは明らかにイスラム教徒を指す名前である。名前から宗教が判別できないような場合は、テラフンは慎重に家の主人がイスラム教徒かキリスト教徒かを確認する。次にテラフンは家の主人の職業についてもたずねる。たとえば、フセインが商人である、という答えが返ってくるとしよう。テラフンはまず「アッラーの信奉者フセインよ、アッラーの信奉者フセインよ」と延々と繰り返す。そして、エチオピア国内のイスラム教徒の巡礼地の名前をいくつかあげたり、イスラム教徒が儀礼の際に好んで消費する嗜好品チャットに関する歌詞を歌いあげたりする。そうして「百から千を生み出す人」（多少の資本金から大きな利益や富を生み出す、の意）と商人の商才を誇張気味に讃える歌詞を歌いはじめる。フセインがたとえば軍人だとするなら、「多くの兵士たちを従える勇ましい英雄」と歌うだろう。

テラフンの唐突な来訪を受けて、眠い目をこすりながら玄関先に出てきた家の主人は、最初は不機嫌な顔で立ち尽くすかもしれない。しかしテラフンの巧みな歌が、彼の虚栄心をくすぐり、信仰心のどまんなかにストレートに投げ入れられていくなかで、先ほどまで抱いていた警戒心や不快感の衣が、一枚一枚はがされていくのだ。そしてついに、家の主人は紙幣をテラフンに渡すのである。

早朝のこぜわしい時間に、玄関前で、軒先で、大声で歌われるものだから、もちろんびっくりしたり、怒り出す者もいる。この家の主人は病気だから勘弁してくれ、家族のほとんどが教会に出かけていて留守だ、と適当な嘘をついてテラフンを追い払う者もいる。しかしテラフンも負けてはいない。人々の邪険な態度や反応に対して、柔軟かつコミカルに対応し、その場にはりつめる緊張をほぐしていく。それだけではなく、人々の反応まで歌のなかに取り入れるのである。怪訝な顔をして出てきた主婦に対しては、ほらほらお嬢さん、そんな不機嫌そうな顔をしていたら、せっかくの美しい顔が台無しですよ、といってやる。もちろん人々の怪訝なまなざしは、テラフンの後ろでカメラを構えていたりする、怪しいファレンジ（外国人）の私に対しても向けられる。こいつは誰だ、いったいおまえと一緒に何をやっているんだ？　と人々がテラフンにたずねる。すかさずテラフンは歌いはじめる、「私はこれから日本で歌い活動をすることになっている、私はこの日本の音楽プロデューサーに見初められたのさ」と。ごくたまに、テラフンを家のなかまで案内し、手厚くもてなす者もいるが、それは珍しい話だ。

ずーっと歌い続けても家人が出てこないこともある。家のなかは静まり返っている状態で、ほんとうに留守なのか、居留守なのかはわからない。そんなときは「静寂は人が罰を受ける場にふさわしいものである」とテラフンは皮肉めいた口調で歌うかもしれないし「出産間際の妊婦のように俺をそわそわ待たせないでくれ」とも歌うであろう。また「ほらどうぞといって、私の幸運を証明して、ほらどうぞといって、私の豊かさを証明して」という具合に、婉曲的にじわじわとたたみかけ、施しを誘導する。ほらどうぞ？　もちろん、お金や衣服、食べ物を気前よく歌い手に差し出せ、という意味だ。まるで、押し売りのセールスマンのように聞こえるかもしれないが、人々とのやりとりにおける絶妙なかけひきは、路上の演劇といってもよいみごとなものであった。

タスカルでの歌唱も忘れちゃいけないだろう。タスカルは故人の死後四十日後におこなわれる、いわゆる法要の儀礼だ。ラリベロッチはタスカルの場に呼ばれ、故人のことを讃える歌を歌う。ここにおいても、故人の生前の職業や人柄について事前にちゃっかりリサーチし、そこで得られた情報を歌のなかにふんだんに盛り込んでいく。その歌を聴きながら、遺族たちは故人を想い涙する。そして、歌の御礼に牛の大腿部をラリベロッチに与えるのが習わしとなっている。この肉を肩にひっさげ、得意げに私の前を歩くテラフンの姿が目に浮かぶ。葬儀屋がちょうど遺体埋葬現場に息子を連れてきていろいろ教えるように、俺たちも子どものときから、親についてまわってモヤ（職能）をおぼえるのさ。テラフンが語る、このモヤということばのなかには、単に歌唱の技術だけでなく、人々とのやりとり、かけひきも含まれるのであろう。

人々はいう。ラリベロッチは、その活動を止めればコマタ（ハンセン病）を患うと信じ、病への恐れから活動の継続を余儀なくされているのだ、と。被差別的なマイノリティ集団に、世間が一方的にたわいもない言説を付与するのはよくあることだ。しかし、なぜラリベロッチは歌い続けるのか？　ほんとうにコマタへの恐れが集団を早朝の活動にかりたてているのだろうか？　いまどき、そんな伝説にとらわれて活動をする歌い手など存在するのだろうか？

ラリベロッチの起源伝承は複数ある。伝承のひとつにゲブレキルストスの話がある。その昔ゲブレキルストスという名の青年がいた。彼は生涯結婚せず、神への忠誠のもと宗教家として生きていこうと決心する。その矢先、ゲブレキルストスの両親はある女性との結婚を彼に強制しようとした。困りはてたゲブレキルストスは、式の当日逃げ出してしまう。しかし両親は多くの使いを派遣し、彼をつかまえ結婚式に連れ戻そうとした。追われていることを知り、ゲブレキルストスは神に懇願する、自分の皮膚を裏返し、追っ手たちの目をくらますようにしてくれ、と。すると、彼の手足はたちまちただれはじめ、みるみるうちにその人物が、ゲブレキルストスだと誰もわからないほどになってしまった。

歳月が流れ、ゲブレキルストスはあるとき両親の家に戻ったが、両親にはその男が自分たちの息子だとわかるはずもなかった。ひどい皮膚の病にかかった男の風貌を哀れに思った母親は、家の近くの小屋に彼を住まわせ、毎日、食べ物の残りを与えた。ある夜、ゲブレキルストスは天使たちに誘われ、天国へ召される。両親は小屋に落ちていた紙片をみつけ、そこに書かれたメッセージから、その男が自分たちの息子だったと気づき、嘆き悲しむ。神への純真な信仰に満ち、施しを受けることのみで生きた息子。その親族と子孫たちはゲブレキルストスをしのび、物乞いを実践して生きていくことを神に誓ったのだという。

あるいはこんな話もある。神が世界を創造したとき、その世界に組み込まれるはずであったラリベロッチの先祖は、たまたま食事のために外に出ていた。遅れてやってきた彼に対して神は大いに怒る。彼の子孫は、歌い乞い続けなければ、体中の皮膚が腐る病に冒される宿命を負ったのだという。

以上の話では、集団が歌い乞う由来が、神との結びつきのなかで論理づけられる。コマタ伝説をめぐるラリベロッチ当人たちの意見もさまざまだ。テラフンも含めて、それがただのつくり話で、恐れるに足らないと考える者が多い。コマタなんて嘘にまみれた迷信さ、ラリベロッチがすべて消え去ってしまえばいいのに。テラフンが吐き捨てるようにいうこともあった。しかしながら、人々がこの集団に対して描くおどろおどろしいイメージを、ラリベロッチがむしろ積極的に利用しているのではないかと思えるときがある。たとえばテラフンは活動時、全身を分厚い布で覆い、頭には布をぞんざいに巻きつけ、木の杖を持って歩く。夜明けにどこからともなくスーッとやってきて歌いはじめる彼の姿は不気味にさえ映る。しかしそんなテラフンも、正午をまわるころには滞在する安宿に戻り、ジーンズとTシャツに着替え、ピアッサを闊歩するおしゃれな若者に戻る。そして蜂蜜酒を飲ませる酒場に繰り出し、同じく酒場に飲みに来る人々と愛想よく杯を酌み交わし、ゆったりとした午後の時間を過ごす。それが先ほどまで、ストリートを行きかい、朝の空気をその圧倒的な声の力で支配していた歌い手であったとは、もちろん誰も知る由もない。

あなたの家では蜂蜜酒が振る舞われ、蜂蜜酒がないときはミルクが振る舞われる
あなたのような英雄がたくさん生まれますように
あなたのような子どもがたくさん生まれますように
あなたは脂肪と蜂蜜酒を人々に分け与える

テラフンの歌声が薄明の高原の冷気のなかに響き渡る。彼の吐く息は白い。目の前で歌っているのに、その声はどこかとてつもない彼方から届くかのようだ。私の心の奥底でテラフンの歌声が、同じく遠い世界からやってきた別の歌声と折り重なる。それらの歌声と歌声が交響し大きなうねりとなっていく。歌声との出会いは突然やってくる。

たとえばそれは、映画祭の招待で滞在した、北ドイツの狭いユースホステルの一室であったり

する。同室になったその男は、ブリティッシュ・コロンビア州のダネザ族と呼ばれる先住民の元リーダーであり、ゲーリーといった。ゲーリーは語ってくれた。ドラッグと酒におぼれ、多くを失った時代のこと。そしてその時代をどうにかくぐりぬけ、ダネザの神話を、ことばを、土地をめぐる叡智を、預言者の力を、取り戻すべくもがいてきたことを。絵画で、ロックバンドの演奏で、ウェブサイトのバーチャルミュージアムを通して。ただ、彼がどのように試みても、ダネザの若い世代がダネザの文化の継承に、なかなか興味を示さないのだとも。

ゲーリーと私は毎晩、ともに飲み歩いた。ホテルの部屋に戻ると、彼はひどいいびきで同室の私の睡眠を妨げた。そのくせ朝はめっぽう早く、五時に起床し儀式をはじめる。ヘラジカの革を張ったハンドドラムを左手に持ち、右手に持ったスティックでドンドンドンドンドンと延々に繰り返す。そのリズムにあわせて、歌詞があるのかないのか判別できないような歌を、唸るように歌い続ける。ゲーリーは夜な夜な、夢のなかでメッセージやビジョンを受け取る。神から先祖から。そして、その歌を起床後すぐに歌いあげるのだ。もちろん、私にはその歌のディテールは理解できないし、ダネザ族のことなど、ゲーリーと会うまでは何も知らなかった。しかし彼の歌声と彼が奏でる淡白なドラムのビートが、私たちが居合わせた、北ドイツのホテルの狭い一室ではなく、過去とも未来とも判別がつかない、遠い世界から響いてきているのだ、という、根拠のない確信を私に抱かせた。その類の音は、ごくたまに、まれびとのようにやってきては、私を揺さぶる。

われわれは神のはからいで会うことができた
死がわれわれを別たないかぎり、このように会うことができる
あなたは子どものころから優しかった
あなたの肉体は衰えても、その心は幼いときのまま

いきなり民家の前で大声でがなりたててはいけない。すれちがう近所の人々には、まずはにこやかに、お久しぶりです、お元気ですか、と挨拶してから歌いはじめるのだ。それでも住民たちから罵倒のことばを浴びせられ、まるで野良犬のように扱われるときがある。そんなとき、一緒になって気落ちした私を気遣ってか、テラフンは「チャーリー・チャップリン」といって、喜劇王のコミカルな歩行を模倣し、私の目の前でピョンと飛び跳ねてみせた。またあるときは、予想以上のチップをもらい、後ろを歩く私にいたずらっぽい顔をして、紙幣をひらひらさせながら、このしぐさをきめた。

テラフンには夢があった。それは、ラリベロッチとしての活動を止めて、バンドを従えて歌い、ポピュラーミュージックの世界で活躍すること。ことばの達人である彼は、アムハラ語の自作ラ

ップを交えつつ、夢を語るのである。夢を語った次の日の朝、神の呪縛から解かれることを夢みるエチオピア高原のチャップリンは、神の祝福を人々に伝えるべく、また家々を訪ね歩く。

蜜のように麗しいあなた
神が祝福を与えますように
幸も不幸もあふれる世界
神が空しさを埋めあわせ
職場から家まで安全に帰し
人々の悪意から遠ざけ
あなたを愛で包みますように

―7―

あるシンフォニー

祈り一

深く息を吸い込み、力強く打つ。全身が音に包まれ震える。夕暮れの村の集落に鐘の音が広がる。向かいの神社の木々に巣をもつダイサギたちが、グアーグアーグアーと、その白く清らかで凛とした姿に似つかわしくない騒がしい鳴き声で応える。近所の犬たちは、鐘の音を追いかけるように遠吠え、いや、伸びやかな声で歌う。音は山々に反響し、波打ちながら、吸い込まれるように消えていく。いま一度、打つ。そして、もう一度。幼いときの日課であった、毎夕鐘を打つという行為。鐘の音は私の体内で脈打ち続け、ふとしたときに内側から、湧き上がってくる。ゴンダールの雑踏で、マンチェスターの南インド料理屋で、済南の水タバコ屋で、あるいは千里中央駅で、この音が私を窮屈だが緑豊かな盆地に引き戻す。土のにおい、川のにおいが広がる。そして鐘を打つための撞木（しゅもく）からたれさがる縄の感触が、はっきりと両手によみがえる。

幼いころ祖母に聞いた曾祖父の話がある。曾祖父は誰からも愛される温厚な僧侶であったという。本来なら寺を継ぐはずの曾祖父の兄は日露戦争のとき、旅順で亡くなった。塹壕からひょっと顔を出したところ、頭部を撃ちぬかれたのだという。兄の代わりに寺を継いだ曾祖父は、ぼろぼろの布袍（ふほう）と袈裟をまとい、徒歩で檀家の家々をまわり、お経を読んだそうだ（私の地域では、これを〝おじょうはん〟と呼ぶ）。葬式では読経そっちのけで故人を想い、涙を流したのだという。立ち止まっては谷川の清水を飲み、となりの集落まで歩いていくのだという。

たまに法事が夜遅くまで長引く。曾祖父が帰宅すると、ヤマという動物がついてきたのだそうだ。ヤマは犬よりもさらに大きく、口が耳元まで裂け、いかにも恐ろしいバケモノだということだ。しかし、そのヤマも優しい曾祖父によくなつき、ときには家のなかまで入ってきたそうだ。ヤマを発音するとき、ヤに強いアクセントがつく。ヤマとはヤマイヌなのか、あるいはオオカミのことなのだろうか。

ヤマのことを私に話してくれた祖母は寝たきりになり、施設に暮らす。祖母の長男である私の父のことすら認識できなくなった。祖母の親しい友人のおばあさんが近所にいる。高齢だが、気丈でしばしば畑作業もされる。彼女にあるときヤマについて聞いてみたが、そんな話は知らないという。曾祖父がすぐとなりの集落に歩いていくときにながめていたであろう山は現在、コンクリート工場の砕石現場となり、表面を激しくけずりとられ、その体を痛々しくむき出しにする。ヤマの遠吠えが、私の心のなかで残響する。

一枚の古い写真がある。曾祖父が写る唯一の写真である。それは寺の鐘が軍に供出された太平洋戦争のときの記念写真だ。鐘とともに、本堂の仏具がならべられているのがわかる。寺の金めのものはすべて、戦争のために供出されたのであろう。鐘の前には二名の僧侶の姿がある。一人は曾祖父、もう一人は近所の寺の僧侶だ。この僧侶の荘厳な法衣ときちんとした身なりが、しわくちゃでぼろぼろの法衣をまといすこし猫背ぎみの曾祖父を余計にみすぼらしくみせる。曾祖父は生気のうすれた、焦点の定まらない遠い目をしている。戦争が終わる数年前に突然倒れて亡くなったという。晩年の写真なのかもしれない。鐘の後ろには、近隣の村民たちが五十人ほど身を寄せ合って写っている。私が幼時慣れ親しんだ、いまはもういない近所の古老たちの何人かが、若々しい姿で写っている。

この写真に一緒に写っていた一人の女性のこと。それはとなりに住む幼馴染の友人のおばあさんである。小学生のころ、その友人宅にしばしば遊びに行った。そのおばあさんは、たしか明治生まれで、おようさんと呼ばれていた。ある夕方、おようさんは、あんたが寺の坊やか、と私に語りかけてきた。私がうなずくと、毎夕寺から鐘の音が聞こえてくると、こうやって音の方向に手をあわせて感謝するんや、といって目を閉じて、合掌するポーズをとった。私が何気なく打つ鐘の音に対して、顔に深いしわが刻み込まれた老女が、祈りを付与しているという事実の重みにしばし目がくらんだのをおぼえている。

鐘は溶かされ、何らかの軍需物資になったのであろうか。武器となり、海を渡り、盆地から遠く離れた場所で人を殺めたのであろうか。太平洋戦争後に新たにつくられ、運び込まれた鐘、すなわち私が幼いころ打っていた鐘には、仏説無量寿経の祈りが刻み込まれている。

天下和順　日月清明　風雨以時　災厲不起　國豊民安　兵戈無用　崇徳興仁　務修禮譲

祈り二

エルボア・ジェイムスから教わったことは二つある。ひとつは、ギターアンプの上にビールを置いてはいけないということ。そしてもうひとつは、複雑できらびやかなギターソロは必要なく、歌を支える伴奏をちゃんとやれということ。バンクーバーで一時期だけ学生であった私。とはいっても、大学の講義はそっちのけで、楽器をかついでクラブを渡り歩き、アマチュア・ミュージシャンたちとジャムセッションを繰り広げ、スリーコードの延々とした反復のここちよさに身をゆだね、ブルーススケールのソロを弾くことがもっぱらの関心事であった。そして、何時間もストリートをぶらつく。しかしストリートといっても、ロブソン通りのようなにぎやかな通りではなく、後ろめたい目つきをしたジャンキーや飲んだくれたちがたむろするヘイスティングスのような殺伐とした通りをぶらつくほうがここちよかったように思う。気まぐれに立ち寄ったカフェで時間をつぶし、五カナダドルで中古のカセットテープを買うのを日課としていた。

サウスイーストマリンドライブにある、その名もヒポス（〝カバ〟）という名のさびれたバーでは週に何日か、アマチュアのミュージシャンにステージが開放された。エルボア・ジェイムスはヒポスの看板歌手の一人であり、このバーに演奏にやってくるミュージシャンのとりまとめ役でもあった。ヒポスで好んで演奏される音楽は、流行の音楽とはまったくかけ離れた大昔のブルースやロックンロールである。エルボアの名前は、ミシシッピ出身のスライドギターの名手エルモア・ジェイムスをすこしもじっただけのもの。

エルボアはステージにあがると、ところどころはげた銀ラメのジャケットを羽織り、飛び跳ね、シャウトをはさみ、いくばくかステージ上の自分に陶酔しながら、ロックンロールのスタンダードナンバーを甲高い声で歌いあげる。たっぷりのポマードでなでつけたリーゼントというその時代錯誤のヘアスタイルを含め、中年ロックンローラーのパフォーマンスは、おもしろおかしさを通りすぎ、哀愁あふれるものがあった。エルボアが、ステージ上で興に乗ると必ず真顔でやる動きがあった。中腰になり両ひざにそれぞれの手をのせ、膝を閉じたり開いたりする。この動きに合わせて手を交差させる、それはお世辞にもかっこいい動きとはいえない。

ヒポスの専属バンドのギタリストは、ふだんはガソリンスタンドで働く寡黙な青年。ドラムはたしか先住民の血を引く中年の紳士で、腕はたしかだった。私は、自分の順番がくるとアンプの音量を思いきりあげ、ギターをかき鳴らす。へたくそな歌と演奏に、ヤジを投げかけられるならまだよいほうで、すぐに誰かによって、そのアンプの音量は下げられてしまう。誰も私の演奏などに耳を傾けない寒い状況のなか、数曲、古いブルースをやる。ステージを降りると、エルボアだけはいつも「今日はよかった」などといって、ほめてくれた。それは、もちろんリップサービスにすぎない。エルボアはしかし、演奏に関して的確な助言をくれたりもした。エゴまるだしのギターソロを前のめりになって弾こうとする私をたしなめ、ジミー・リードなどの曲を例に出し、正確なリズムにのっとったバッキング、すなわち楽曲の枠組みをかっちり支える歌の伴奏をするよう、何度も諭してくれた。さらに、ソロ演奏などというものは楽曲に必要なく、バッキングの延長にこそソロ演奏があるのだということも。

ヒポスで演奏すると、演奏の報酬に、誰もが生ビールを一杯もらう。あるとき、何を思ったのか、私は生ビールがなみなみと入ったグラスをステージ上のギターアンプの上に置いた。手にとって飲む際、ほんのすこし、ほんの数滴であるが、アンプにこぼしてしまった。私の軽率なおこないに対してエルボアは、こちらがびっくりするほど取り乱し、激怒した。故障するから、機材の上にビールを置いてはいけない。あたりまえといえばあたりまえのことである。ビールのうまさがわからないころの苦い思い出だ。

あるとき、シカゴを拠点に活動しているという巨漢の黒人歌手が、ヒポスに歌いにやってきた。いつものように、さえない演奏をしてステージを降りる私をつかみ、彼はたずねた。「おまえみたいな黄色人種が、綿花を栽培していたころの黒人の苦しみをなぜ弾き語るのか?」と。何も答えられず、立ち尽くすだけだった。その後彼は、クラブにいた誰もが吹き飛ぶような、圧倒的なパフォーマンスをみせた。いま、同じ質問をされたとしたら、私は何と答えることができるのだろうか。

日本への帰国が間近にせまるある夕暮れ時、大学寮の私の部屋に、エルボアが別れの挨拶のために訪ねてきた。彼はそのとき、ヒポスのステージの上とはまったく異なる表情を私にみせた。彼は語った。定職がなく、車のなかで暮らしているということ。その日はまだ食事をしてないから、すこしだけ金を貸してほしいということ。ステージの上とはまったく異なり、気弱で、まるで頼りないその姿が、エルボアをかぎりなく小さくみせて寂しかった。エルボアの本名を知ることは最後までなかったし、私から聞くこともなかった。彼がどこかのクラブで、あの手を交差させるおかしな動きを交えつつ、いきのいい時代遅れのロックンロールをシャウトしていることを祈りたい。エルボアは私にとってのヒーローであった。彼に再会できる日がもしあるのなら伝えたい。

祈り 三

記憶のなかのテラフンの呪文のような歌声が、私をゴンダールのストリートに引き戻す。その歌声がストリートのさまざまな音とまじりあい、うねりはじめる。物乞いの男性が奏でる笛の音、キリスト教エチオピア正教会の司教の詠唱、客を引き寄せるための物売りや靴磨きの少年たちのかけ声、町の主要な交通手段であるミニバスやオート三輪車のエンジン音。これらの音は、私にゴンダールのストリートの情景や、場合によってはストリートを活動の場とする特定の個人の動きや表情をイメージさせ、においや湿度すらも想起させる。テラフンの歌声が、ストリートの雑然とした音をバックに、乾いた埃っぽい空気にカラフルな刺青を刻むかのように広がっていく。私は、ゴンダールの中心にある常宿、エチオピアホテルのベッド上にいつものように寝転んでいる。イタリア軍が駐屯していた一九三〇年代後半に建築されたホテルである。ストリートの音が、建物のうすい壁を越えて、私の身体の一部として感知されるような感覚をおぼえる。雑多な音の交響が私の身体を浸食していく。

モハメドはエチオピアホテルのレセプションで働く寡黙な青年である。二階の窓から身を乗り出し、小型のラジオに片耳を近づけ、ストリートを行きかう人々をながめ、ときおり狭いレセプションのすみでメッカの方角を向いてお祈りをおこなうのが彼の日課である。同じように自分の部屋の窓から身を乗り出した私と目が合うと、はにかむように笑顔を浮かべ、すぐに首を引っ込めてしまう。モハメドの婚約者ベテレヘムは、ベティという愛称をもち、彼とは対照的で快活、えくぼが印象的でふっくらとしたエチオピア正教徒の女性であった。夕刻、ベティはモハメドの職場に彼を迎えにやってくる。二人は仲よく手をつなぎ、何をするというでもなしに、ストリートを行ったり来たりする。古都ゴンダールのマジョリティはエチオピア正教の信者であり、イスラム教徒の人口は二割にも満たない。敬虔な正教徒とイスラム教徒のカップルは、小さな街のちょっとした話題でもあった。ゴンダールにおいて、異なる宗教間の通婚は決して奇異ではないが、かといって頻繁にあることでもない。食の禁忌の相違や、儀礼的な会食をめぐる異教徒間のトラブルについてたまに話に聞くこともある。異教徒や被差別の職能集団との通婚は、アムハラ語のいいまわしで「家にひびが入る」と表現され、好ましいこととはみなされない。

ふだんの生活で難しいことはないのかと、私はおせっかいにも二人にたずねることがあった。両者の親族が二人の仲を、さらに結婚の計画をよくは思っていないらしいが、ベティは改宗するつもりはなく、そのかわりモハメドを知る努力をしている、とのことであった。そして、エチオピアの国民的なポップス歌手であるテディ・アフロが異教徒間の恋愛を歌ったヒット曲を口ずさみ、これみよがしに私に微笑みかけるのであった。「質素な造りかもしれないけれど、ここは自由な家／二人が暮らすにはじゅうぶんな広さ／限りない愛を誓いましょう／あなたはあなたの信仰をもち、私は私の信仰をもつ／さあともに暮らしましょう」。

　ある日、婚約者をレセプションへ迎えに来たベティは、いつものように私に笑顔で話しかけてきた。翌朝モハメドとともに陸路でスーダンに向かい、そしていずれは欧州を目指すのだという。スーダンにはモハメドの親族がいるとの話であるが、とくに具体的な計画に基づいた旅ではないらしい。モハメドはいつもの通り黙ったまま。静謐なモハメドと太陽のように明るいベティ、それぞれの瞳が私をみつめる。二人の瞳はどんな未来をみつめているのだろう。

　エチオピア正教会の詠唱が薄明の高原に響き渡る。モスクからは礼拝を呼びかけるアザーンが、音割れしたスピーカーを通して繰り返し流れてくる。音は重なり、離れ、交わる。その不思議なシンフォニーに、私は祈りを付与する。二人の旅立ちに幸あれ。

—8—

約束の地

路上に影が浮かび上がる。人のかたちをしてはいるものの、それは闇のようなかたまりで、どこまでも奥深い異界への入り口のようだ。黒いニット帽に黒い厚手の衣服。ひっさげた大きな袋もやはり黒。道端のゴミを袋にかき集めながら、タスファイがふらふらと歩いてこちらにやってくる。

人々がせわしく行きかうゴンダールの中心地に彼があらわれると、時間が止まったようになる。むさ苦しいストリートの喧騒のなかに突如あらわれた漆黒の老人。奇抜な風貌とは対照的に、やわらかく紳士的な物腰。そのただならぬ雰囲気にのまれ、みなは漠然と老人に対して敬意を払い、やんちゃな街の悪ガキたちは粛然とした態度で道をあける。タスファイがのっそり、のっそり歩いてくる。彼は私をみつけて立ち止まり、煤だらけの顔をゆがめてニヤリと不敵に笑う。カワセ、しばらくみなかったな？　元気だったか？　ギョロリとした大きな目だ。タスファイは力強い声で、ゆっくりと、しかし朗々と話す。イェニ、イェニ、イェニ、イェニと繰り返しながら、右手でこぶしをつくり、左胸あたりを何度も打ちつける。これはすなわち、あなたの労苦や災難をイェニ（私）にも共有させてください、という意味をもち、他者との連帯、共感を示す。すこし古風ながらも、エチオピア北部においては重要な、身体動作をともなう挨拶である。私がタスファイに向かって「先週、田舎に調査にでかけたら、コニチャ（蚤）にいっぱいやられて、体中が痒いったらありゃしない」といえば、彼はすぐに、イェニ、イェニ、イェニ、イェニと返してくる。「やーとても寒いね」といえば、イェニ、イェニ、イェニ、イェニとくる。つまずいて転びかけたら、イェニ、イェニ、イェニ、イェニ。まあこんな具合である。私は彼のこのしぐさとことばがなぜか好きで、おもしろがって真似をしているうちに、気づいたらイェニ、イェニ、イェニ、イェニが、自身の口癖になってしまった。首都などの都会でこれをやろうものなら、みな爆笑で、いつどこでそんな田舎っぽい会話の様式を学んだのか、と問いただされることになる。

タスファイとたわいもないおしゃべりをすると心が浮き立つ。こんな場所での立ち話ではなく、近くのカフェにでも立ち寄り、紅茶やコーヒーでもどうですかと何度か提案をしたことがある。するとタスファイは、急に不機嫌になり、それは必要ないと私の誘いをぶっきらぼうに断り、どこかへ去っていく。

邪視をもつ集団。ベタ・イスラエルの人たちは、そう呼ばれてきた。ベタ・イスラエルとは、エチオピアに住むユダヤ教徒のことだ。タスファイもまた、エチオピア北部のベタ・イスラエルとして生まれた。ゴンダールやその郊外には当集団の集落がかつて数多く存在していた。ベタ・イスラエルは、壺づくりや大工等の職能集団として為政者たちに重宝がられる一方、キリスト教エチオピア正教会の影響が大きな地域社会におけるマイノリティとして差別的な言説を付与され迫害されてきた。ベタ・イスラエルの邪視に射抜かれれば、人は死んだり病気になったりする。ベタ・イスラエルは夜にハイエナに変身する。そうした奇妙な風説には、当集団に対する人々の差別的なまなざしと同時に畏れの感情が含まれている。

一九八〇年代以降、イスラエルの帰還法に基づくいくつかの「救出」作戦の下、ベタ・イスラエルの大多数がエチオピアからイスラエルに移住した。一九九一年五月、メンギストゥ・ハイレマリアムによる、共産主義をかかげる独裁主義政権がまさにガラガラと音をたてて崩れ去ろうというそのとき、イスラエル政府が主導してソロモン作戦が決行される。一万四千人を超えるベタ・イスラエルが、ほぼ二十四時間の間に四十回以上のフライトでイスラエルへ運ばれた。五百人乗りのジェット機の座席は外され、千人を超える乗客が機内の床に座り、額には個人を識別するためのシールを貼られ、まさにすしづめの状態で、イスラエルへ渡った。しかしながら、太古より独自の教義を実践してきたエチオピア系のユダヤ教徒に対するイスラエル国内での社会的な差別は根強く、当集団の苦難の旅に終止符が打たれたわけではない。タスファイもまた、イスラエルによる作戦の下、一度はイスラエルに移住した。しかし、十年ほどしてから結局はゴンダールに戻り、信仰を棄て、ストリートで暮らすようになったのだという。

漆黒のかたまりが、今日ものっそり、のっそり、やってくる。タスファイの優しく透きとおった目にみつめられると、懐かしいものに再会したように安堵感をおぼえる。今日も朗々と、イェニ、イェニとはさみつつ、私に語りかけてくる。若いころ南部の学校で英語の教師をしていたタスファイ。そのときに見たこと、聞いたこと、体験したこと。彼が赴任した学校付近の、隣接する二つの民族グループは抗争中であった。両集団の争いを解決するために選出された若者二人が、槍と槍を持ち、互いににらみ合う。息をのんで二人を囲む人々の輪。そして次の一瞬、若者二人は、互いの腹部に槍を突き刺し、激しく出血して倒れた。二人の死を介して、両集団のいざこざが解決されたのだという。時の矢はどこかに置いてきたまま、タスファイの話はどこまでも続く。しかし彼が少なからぬ年月を過ごしたイスラエルについての話題をふると、彼の態度が急によそよそしくなる。そこはどんな場所でしたか？　さあな、これといってよいことも悪いこともなかったな。あなたはそこで何をしていたのですか？　さあな、すべて忘れちまったよ。

ストリートのごろつきたちは、タスファイが車のタイヤを焼き、そのときに発生する煙と煤を口と鼻から交互に吸い上げるのだという。この行為は彼自身の邪悪な目の力をうすめる効力があるとのことだ。彼の衣装が全身黒いのは、タイヤの煤が衣服に蓄積したせいであるとも聞く。さらに、タスファイは人の夢のなかに忍び込み、その人物の日常生活を正すべくいろいろな助言ができるとも聞く。また、人々の将来を予言したり、その人が患っている病についても、みごとに言い当てることができるとも。それらのたわいもない噂について、タスファイにたずねたことがある。彼は怒ることも否定することもなく、不敵な笑みを浮かべゆっくりうなずいた。あたかも、すべては事実であるというように。こちらは狐につままれたような、いや、タスファイの漆黒の闇、いや、かぎりなくあたたかく、やわらかくここちよい闇に包まれたような気分になり、思わずニヤリと笑った。

ゴンダールを離れていった集団は、ベタ・イスラエルのみとは限らない。ここのところゴンダールでは、バスで北西に八時間ほど行ったマタンマという国境の町を抜け、スーダンを経由し、中東や欧州を目指す若者が激増している。また、米国議会の推進する移民多様化ビザを申請し、抽選に当たり北米に渡る者が増え、エチオピアに残された親族が、先に渡った親族を追いかけ、数年後に米国に移住するというパターンも目立つ。

そんななか、ストリートを勢いよく飛び出し、そして夢破れ、ストリートにまたそくさと舞い戻ってきたやつらがいる。一度はこのストリートを離れ〝世界〟をみたという者たち。なぜか、また吸い寄せられるように、ここに戻ってきた者たち。みな事情は異なるかもしれないが、新しい生活に胸をときめかせ、おそらくは多少の優越感に浸りながら、肩で風を切るようにこのストリートを出ていったのだろう。勢いよくストリートを離れる彼らを、仲間たちはきっと羨望のまなざしでみつめたのだろう。外国に数年暮らし、心も体もボロボロの布切れのようになってここに戻ってきたストリートの仲間たちの顔が次々に浮かび上がる。

観光客たちにからみつき、まとわりつく非公式ガイドの最長老格ファンタ。妙に流暢な米国南部なまりの英語で話しかけてくる細身で長身のタイエ。二人とも先に米国へ移住していた親族によって呼び寄せられ、米国に数年暮らし、そして結局またゴンダールに戻ってきた。ストリートをぶらぶらして今日も一日過ごしている。彼らにつかまるとめんどうくさい。どうでもいい人の噂話ばかり。固くて食べづらい、とうが立った野菜のような中年の二人だ。しかし悪いやつらでは決してない。どうしても憎めないやつら。立ち止まって無駄話につきあってしまう。観光客から器用に金をせびっているようにはみえないし、いったいぜんたい、この二人がどうやって食っているのかさっぱりわからない。どうやらファンタには米国に裕福な兄がいるとのことで、こまめに彼へ仕送りをしてくれているらしい。

そういえば、ンダショーという青年のたどった運命は悲しい。また彼と同世代の若者でボウカットというやつもいたか。二人とも好奇心旺盛で、聡明な若者だった。ンダショーもボウカットもすばしっこかった。学校から帰ると、ストリートに繰り出す。警戒されずに外国人観光客に近づき、注意を引き寄せ、親しくなるのが早かった。そうして観光客を市内のいろんな場所に案内し、小金をかせいでいた。同世代のストリートガイドたちが、二人に嫉妬するのは当然といえば当然だったのだろう。ンダショーはストリートで出会った観光客の米国人女性と恋に落ちた。やがて二人はゴンダールで大々的な結婚式を挙げ、米国に生活の拠点を移した。数日間続いたンダショーの結婚式。会場で出席者に振る舞われた、蜂蜜酒でじっくり炒められ、とろけるような美味の羊肉。その味を私は決して忘れることができない。しかしその後、あきれるぐらいの速さで、彼は女性と別れ、米国からゴンダールに舞い戻った。間もなく隣町のマクセニートで交通事故に巻き込まれ、頭を怪我した。その後、鬱にかかり、自ら首をつって死んでしまった。まったくあっけないものだった。

ボウカットはやはりストリートで出会ったオーストラリア人観光客のつてで、奨学金を得てシドニーの大学で学ぶチャンスを得た。二年間大学で学んだ後、彼の地でなぜか病的な精神状態に陥り、結局はゴンダールに無理やり戻された。彼はストリートの旧友たちの名前や顔、さらには自分の名前すらも忘れてしまった。それからは何をするでもなくストリートをふらふらぶらつき、だれかれ構わず悪態をつき、喧嘩をふっかけては殴られ、その顔はいつも傷だらけだ。人は彼が魂をなくし、そわそわとさまよい続ける者、コレビスになったのだという。

ストリートの熱と悪魔のような冷たさ。あなたが帰る場所はここだよ、とでもいわんばかりにストリートは〝都落ち〟した者たちを両手を広げてあたたかく迎え入れる。かと思うとその瞬間、ストリートは人を、冷たく厳しく突き放す。突き放された者たちの体を夜露がぬらす。夜露は、彼らの心の奥底まで浸食し、やがて、彼らがかつて思い描いた夢の層にまで届く。するとその夢は凝固し、氷の花となって心の奥底に咲く。そもそもどこが都だというのであろうか。

何も持つな　手に
どんな記憶も　魂に

冥土行きの銀貨を
手に握らされても

手を開けられたとき
何も落ちはしないだろう

アトロポスに奪われることのない
どんな王位をおまえに授けようというのか
ミノスの裁きによって萎れることのない

どんな月桂樹があるというのか
おまえを影に変えてしまうことのない
どんな時間があるというのか

夜　終着地に着くとき
おまえは影となる

花を摘め　だが　捨てよ
眺めたら　すぐさま　手から

日だまりに座れ　王位を捨てるのだ
そうすれば　自分自身の王になるだろう

（ペソア詩集　澤田直訳編　海外詩文庫16　思潮社）

毎夕、十八時ちょうどになると、街の中心で、黒づくめの異形の老人のけったいな儀式がはじまる。タスファイはゴンダールのストリートで、夕空を仰ぎみて、そのまま石化したかのように固まって動かなくなってしまうのである。そんなタスファイの姿を、とくに注意して立ち止まり、ながめる者などいない。こぜわしいストリートの一隅に時間の凪が生まれる。街の人々にも私にも、それが何か特別な対象への祈りなのか、あるいはそうではないのかわからない。みながわかっているのは、明日もタスファイが同じ場所へ、同じ時間にふらふらとやってきて、この儀式を繰り返すということだけである。

ያለው አይቀር ሆቴል

—9— 永遠

君に出会ったのはあの坂の上のうす暗く湿ったバーだった。君は北ゴッジャムの農村の貧しい家に生まれた。エチオピア・エリトリア戦争に駆り出された父は帰らず、病弱であった母は幼い君を残してこの世を去った。君は孤児になり、最初は叔母の家に預けられたが、叔母とはうまく折り合わず、その後、親類の家をたらいまわしにされた。どこの家に行っても、まるで使用人のようにこき使われ、学校に行かせてもらえず、きつい労働に従事させられるうちに、君は十代後半になっていた。結局、逃げ出すようにゴンダールの街にやってきた。街に出てきてすぐに、バスステーションのなかにある、小さなカフェの給仕の仕事をみつけた。君は要領よく仕事をおぼえ、それなりに一人で何とか暮らした。間借り先は、近郊の農村から街の市場へやってくる農夫が定期的に宿泊する小屋であった。

その後、知人の仲介でバーのウェイトレスをやることになった。タイトな服を着て夜な夜なバーに出向き、耳をつんざくような大音量で流れる、たいして好きでもないポップスに合わせて踊った。その音の渦に身をまかせて踊りながらも、君の心は決して踊りはしなかった。かといって楽しそうに踊り狂う男たちをニヒルに見下すわけでもなく、かび臭いバーのなかで男たちの視線を浴びながら、ときにはカウンターで酔っ払いたちの話を聴き、求められるままに体を売ることで生計を立てた。

深夜、店を出て客が待つ安宿に赴く。陰毛をそり上げ、雨合羽（コンドームを意味する隠語）をいくつかポケットに入れて。宿の門番はたいがい君の顔見知り。そうじゃなかったとしても客に呼ばれたのだ、と愛想笑いを浮かべて門番に伝えれば、君は部屋まですぐに行くことができた。もし万が一、ホテルから追い払われそうになる場合は、多少のチップを門番に手渡せばよいだけ。

いろんな客がいた。君がかたくなに拒絶し、嫌がる姿をみて、興奮するサディスティックなやつもいたし、ほとんど狂ったとしか思えない性癖をもった客もいる。行為のあと、金も払わずに逃げ去ったやつもいる。君は何度も何度も自分を殺し、その肉体を夜の闇のなかに廃棄する。そして男たちの無数の接吻と抱擁を受け入れる。君は粉々に砕け散り、ゴンダールの冷たい夜にばらまかれる。行為の後は水をたっぷり入れたガラスの瓶をつかみ、ベッドの下に置いてある小便用の洗面器を敷き、その上にしゃがみ込み、水を使って性器をそそくさと洗う。その後ベッドに横たわることもなく、そのままホテルを後にする。たまたま割礼を受けず、陰核が残された君は、バラアンテナ、すなわち感度のよいアンテナ（突起物）の持ち主、として客たちから崇められることもある。そのアンテナに好奇の目を向けてくる客には、自らが、女子割礼の習慣がない北ゴンダールのカマント人の出自である、と冗談交じりに偽ることにしている。

バーで君とともに働く、各地からゴンダールに流れ着いてきた女たち。みな、けばけばしい化粧を施し、特有の安い石鹸のにおいを漂わせ、分厚く重いカーテンのような陰をもっていた。彼女たちは何も最初から、バーの女になるためにゴンダールへやってきたわけじゃないし、貧困に追いやられてこの仕事を選んだ者ばかりでもない。両親が死亡し帰る場をなくした者、都会生活に漠然とあこがれて来た者、教育機会を探して来た者、家族と喧嘩して家を出た者、親族を探して流れ着いた者。

雨合羽を持ってはいくものの、それをまったく使いたがらない客もいる。同僚たちの何人かは、トランプのカード、ジョーカーにたとえられる病にやられていった。ジョーカーのせいで骨と皮だけになっていく身寄りのない女たちの世話を、君は最後まで心をこめておこなった。君の同僚で親友のサラムもその一人だ。サラムはかつて、首都のホテルやレストラン専属の伝統音楽クラブの踊り子であった。サラムによれば、アジスアベバのチェチェニアにある〝背徳者の通り〟にくらべれば、ゴンダールの客はおとなしく、ましだという。店で君が酔っ払い客にからまれ、ひどいめにあったとする。そんなときサラムは、君をかばい、客をどなりつける。そしてそんなやっかいなやつを店からつまみ出すのも彼女の役割だ。彼女の怒ったときの剣幕に男たちは圧倒され、委縮する。そんな心強いサラムも結局、ジョーカーにやられ、亡くなった。アジスアベバにはサラムの幼い子どもが二人いるという。

ほの暗いバー。安っぽく派手なネオンに浮かび上がる女たちのけだるい表情。君の同僚たちは君を引き立てる背景画でしかない。君は他の女たちとは異なり、よく笑いよく話し、とても明るくチャーミングだった。バーにやってくる男たちのほとんどは、当然君のことが目当てだ。君を求める男たちのほとんどは、ろくなやつらじゃない。でも、まともそうにみえるやつもいるにはいる。家柄のよさそうなやつ、いや、そこそこの金を蓄えていそうな、とりあえずはまともそうにみえる男と、長期的で安定した関係を結ぶことが君のねらいだ。君はしばしば、気に入った男を日中家に招き、鶏肉をたまねぎや唐辛子、ゆでたまごと煮込んだシチュー、ドロワットと香ばしいコーヒーでもてなす。男たちのとがった心はまろやかになる。そして次に、男たちの汚れた服をひきとり、洗濯をするようになる。男たちの心はバターのように溶けはじめる。

いろいろな男たちが君の前を通りすぎていった。国境を守る兵士たち、スーダンから石油を運ぶタンクローリーの運転手、道路工事をおこなう中国人、イタリア人のバックパッカー、君を外国へ連れていくと約束してすぐに消えた米国の援助団体関係者。記念にもらう男たちのポートレート写真や証明書用の写真を、君は小さなアルバムのなかに入れ、引き出しの奥に大切にしまっておいた。

君はあるとき、アムハラ語で〝永遠〟という意味の名をもつ青年、ゼララムと恋仲になった。ゼララムは君が間借りをする家の近くで小さな雑貨屋を営む働き者だ。君の相手としてはめずらしく、寡黙で堅気な男だった。それは当然かもしれない。君がバーの外で出会った男だから。

ゼララムは君を愛した。彼はもちろん君の職種を知っていたし、君が夕方、化粧をして、中東製の安い香水をたっぷり浴びて店に向かうのを嫌った。そして君のタイトなジーンズを憎々しげに思った。君の過去の男のなかにも、君がバーに立つのを嫌がり、君が仕事をするのをなかば強引にやめさせようと試みた者もいることはいた。しかし君には払わなければならない高い家賃がある。いうまでもなく、日々の食事をつくるための材料、近所づきあいのためにおこなうコーヒーセレモニー用のコーヒー豆も必要だ。そう簡単に店をやめることはできない。ほんとうに金に困っているときにはベッドで男たちにささやき、ふだんの額の何倍ものチップをもらうこともあるが、男なんて長続きしないし、ずっと頼りにならないことは知っている。

しかし、ゼララムと一緒になった君は、ある日突然、きっぱりとバーをやめた。君の同僚の女たちは驚きつつも、ついに君が堅気の男とめぐり逢えたといって喜びもした。君は、ゼララムの小さな雑貨屋を手伝った。石鹸、食用油、ティッシュペーパー、ビスケット、水。それらは、ストリートをかけまわる子どもたちの販売する商品に多少まさっている程度の品ぞろえにすぎない。しかし、すこしずつ品物も増え、雑貨屋の顧客は増えていった。君は幸せだった。

ある日ゼララムは、部屋のすみに隠されていた君の大切な小さなアルバムをみつけた。過去に君を求めた男たちの目がゼララムを静かにみつめた。ゼララムはすかさず君を殴り、蹴りあげ、そしてすべての写真を細かく破り部屋中にばらまいた。君は鼻血を出し、部屋のすみで打ち震え、涙を流した。しかし、君がその生涯をささげたいと思った相手はゼララムだけであったし、彼の静かで激しい情熱の対象も君だけであった。

やがて君はゼララムにそっくりな男の子を生んだ。すると彼は、まるで何ごともなかったかのように君を置いてどこかの街へ去ってしまった。幼児を抱えた君の生活は大変だった。リジ、アスチガリノ、子どもを育てるのは大変。

バーの元同僚の女たちも、ふだん親しくしてきた近所の住人たちも、君がパトロンの男たちにちゃっかり経済的に支えられているから、と決めつけ、君に手を差しのべなかった。ある日君は風の便りで、ゼララムが遠い街で亡くなったと聞いた。

君は再びあの坂の上のうす暗く湿ったバーに立った。

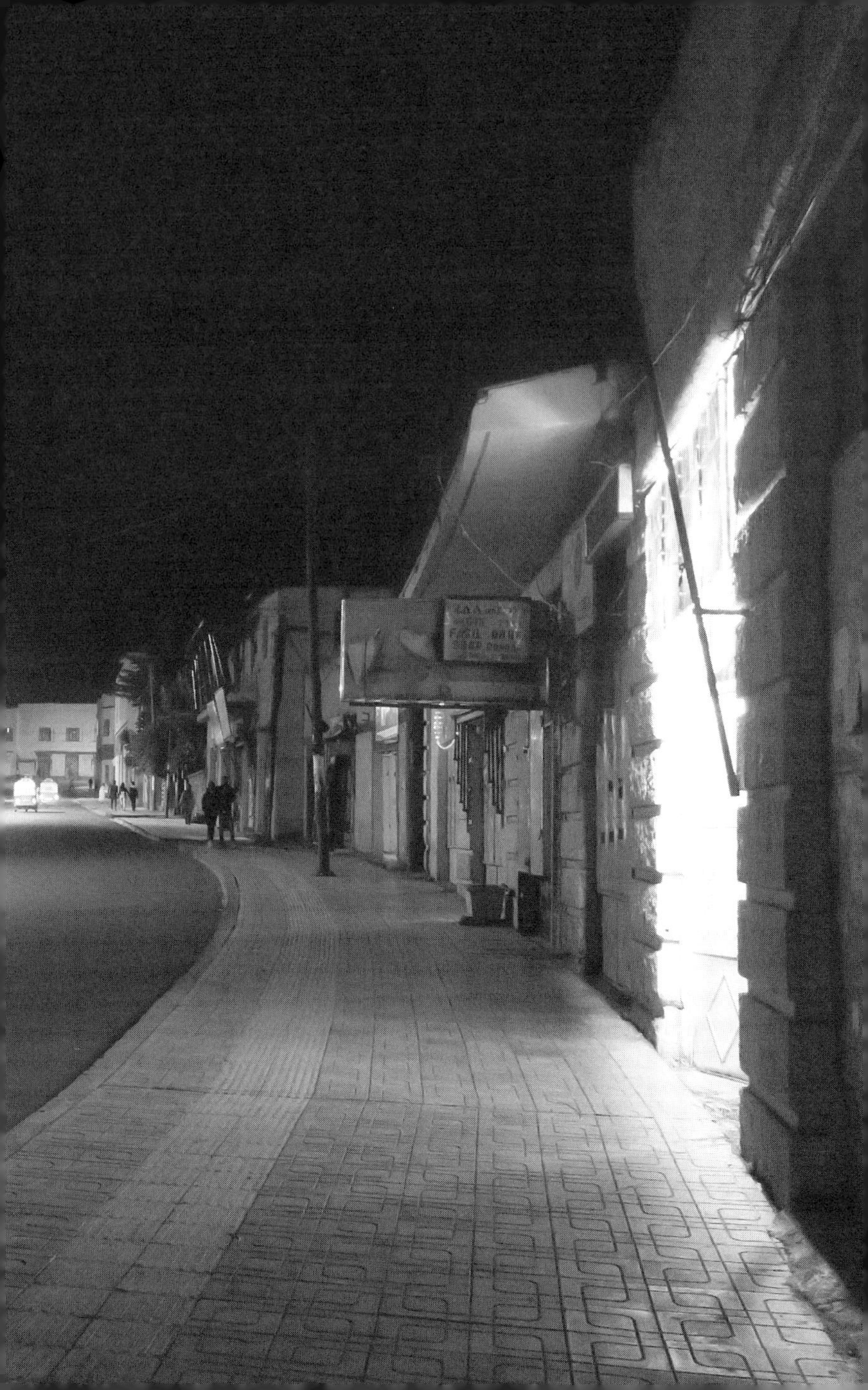

10 神々との戯れ

荒地の大蛇 ンダラバ　やってこい
荒地の大蛇 ンダラバ　はやくここへやってこい

コーヒー豆を煎る香ばしい煙と、香木を焚く香炉からの煙がとぐろを巻くように交わり、部屋のなかを真っ白に満たしていく。弦楽器マシンコで単調なメロディを反復しつつ、アズマリの少年タガブが、精霊ンダラバを呼び寄せるために歌う。多くのコレ（精霊）が存在する。コレには名前があり、出身地があり、性格もさまざまだ。荒地のブレー、漆黒の奴隷シャンキットゥ、イスラム教徒のソフィア、鞭のようにしなやかなセイフチャンガル。そして大蛇ンダラバ。どいつもこいつも手ごわく、隙がない。そして茶目っ気たっぷりで、気まぐれだ。人を守りもするし、惑わしも、殺しもする。ンダラバは、北ゴンダールの荒地から多くの兵隊をひきつれてやってくる獰猛なやつだ。霊媒の前に座る夫婦。結婚して九年になるが子どもができない。今晩は、荒地の大蛇ンダラバに子どもを授かるよう懇願しようというわけだ。精霊が降り立つ霊媒はファラス（馬）と表現される。すなわち、コレが乗りこなす馬になるのだ。

今晩の霊媒／馬は、私がホームステイする農家のお姉さんアベバ。三児の母であり、おとなしく優しい。アベバは私が宿泊する農家から五十メートルほど坂道を下った場所に、夫や子どもたちと住んでいる。アベバはしばしば彼女の父シサイの家に顔を出し、私が慣れない農家の生活に適応し問題なく生活をしているか、気にかけてくれた。乾季のエチオピア高原の夜空には無数の星が広がる。あるとき星をながめながら屋外で寝袋に入って寝たい、と私がいうと、一家の主であるアベバの父シサイは、私がハイエナに食われてしまうといって猛反対した。その農村では、人が夜の八時以降に単独で戸外を出歩くと、ハイエナの集団に襲われるのだという話がまことしやかに伝えられていた。シサイによれば、となりの家の門番は、ある夜ハイエナに体を食われて、手首だけになって発見されたそうだ。それが、私を脅かすためのシサイによるおおげさな話なのか、実話なのかはわからない。いずれにせよ、そこに居合わせたアベバが機転をきかせ父親を説得し、結局シサイが、戸外でライフルを構えながら、私の横で寝るということになった。

私と憑依儀礼ザールとの出会い。それはある夜のこと。就寝してしばらくすると、アベバの家の方向が何やら騒がしい。小刻みなビートを刻む太鼓のような音とともに、人々の歓声やら手拍子やらが聞こえてくる。私はそこへかけつけて、その集いが何かをたしかめてやろうと思い、勢いよく起き上がった。すると家の子どもたちやシサイとシサイの妻も起き出し、絶対にあっちへは行くな、と私を強く止めにかかった。こんな夜中に結婚式の宴でもあるのか？　いったい何が起きているのか？　と問いただしても、みな、気まずそうにするだけで、いったい何が起きているのかまったく説明してくれない。私はこの一家の態度に、ますます好奇心を刺激され、丘の下で何が起きているのか知りたくなった。制止するシサイやその家族をふりほどき、なだらかな丘を下り、アベバの家を訪ねた。

扉のすきまからのぞくと何やら、二十人ほどの人々が膝を抱えて土の床にしゃがみ込み、神妙な顔つきで手を叩いている。数名が石油を入れるポリタンクを倒し、ドラム代わりに叩いていた。そして、人々の中心にはアベバがいる。アベバはかっと目を開き、両腕を大きく広げている。まるで何かに足をとられた鳥が必死に大空に帰ろうとするかのように、バタバタ腕をはためかせている。そして虚空に向かって何やら怒鳴りちらしている。ふだん私にみせる、おだやかな彼女の姿はそこにはない。猛々しい表情、そして獰猛ともいえる彼女の振る舞いに私はいくばくかショックを受けつつ、集団の輪のなかに加わった。

聞くところによると、アベバはあるとき、心身の不調をきたした。手足の痛み、不快な酩酊感、布で目を覆われるような気分、そして背中に誰かが覆いかぶさっているような感覚。数ヵ月寝込んだ。すぐに、夜な夜な大蛇と肉交する夢をみはじめた。大蛇との夢のなかでの交わりがはじまってから、夫との性的なつながりはなくなった。そうこうするうちに、夜な夜なザールと呼ばれる儀礼が開かれ、アベバのもとには数々のコレが呼び寄せられるようになった。すると、親族や近所の住人たちが、アベバに降りてくるコレのもとへ相談に来るようになった。夫婦喧嘩や嫁姑のいざこざにはじまり、息子の飲酒癖、なくしもの探し、娘の進学について、あらゆる問題について、アベバに憑くコレに相談するのである。

ザールでは楽師アズマリの演奏も欠かせない。アズマリは霊媒の合図にあわせて弦楽器マシンコを演奏し歌う。そうしてコレを霊媒のもとに呼び寄せる役割を担うのである。なかには、演奏するだけにとどまらず、整然としないコレのことばを、参加者が理解しやすいように翻訳するアズマリもいる。

アズマリの少年タガブは、私の仲介もあり、アベバのもとでザールが開かれるごとに呼ばれるようになり、演奏をするようになった。ザールにおいて演奏をするアズマリは、霊媒たちから前もって報酬を受け取る。それはタガブが街で数週間生活するに足る金額である。結婚式の宴や酒場などでの流し芸は、どれほどの金額のチップがもらえるか定かではない。経済的に不安定な他の活動機会と比較すると、ザールの演奏で得られる報酬は、ずいぶんと割りがよい。だが、気まぐれで、乱暴なコレ（アズマリの隠語では〝ロンケ〟と呼ばれる）を相手に、ときには一晩中演奏し続けることを求められるザールを、タガブがほんとうは好まないことを私は知っていた。世間一般では邪教として位置づけられるザールを大半のアズマリは毛嫌いする。エチオピア正教会はザールが人々を惑わす悪魔の宗教であると位置づけ、それを実践する者たちを厳しく批判する。街で私が親しくする修道士ブラフニーは、ザールの起源について以下のように話し、絶対に近づいてはいけないと私を諭した。

神が十二人の天使を創造したときの話。突然暗闇が世界を覆いつくし、天使たちはとても不安になった。十二人のなかに、ダビロスという名の天使がいた。彼は他の天使たちに「私がおまえたちを創造した張本人なのだ、私についてきなさい」といった。天使たちは「あなたがほんとうに創造主なら、人をつくってみせてください」と頼んだ。ダビロスは次々と器用に人間の体をつくることができた。しかしながら、それらには魂が欠けていた。ダビロスをまったく信じなかった天使もいたが、いく人かはダビロスのいうことばがほんとうか嘘かわからず、途方にくれた。そんなとき、聖者ガブリエルがあらわれた。彼は「一日でいいので、心から礼拝し、ほんとうの神に対面してみなさい」と天使たちに提言する。天使たちがその通りにすると、突然神があらわれた。黄金の椅子に座っていたダビロスは神があらわれた瞬間、暗闇の世界に転がり落ちていった。ダビロスはその後、ザールをおこなうようになり、ダビロスの子孫はこの儀礼を代々引き継いでいった。

修道士は続ける。ただし、教会のツァバル（聖水）を飲めば、霊媒はぴたりとザールをやめるのであると。

ザールはエチオピア正教会にまつわる祭日や、新年などの祭事にもおこなわれる。だがしかし、よく考えるまでもなく、それはおかしな話である。正教会からは徹底的に否定され、毛嫌いされるのに、なぜ正教会にちなんだ祭日にわざわざザールが開催されるのか。アズマリのタガブによれば、これらの祭日には、人が集まり、ごちそうが集まる。そして、にぎやかに人々が歌い踊る。においい、音、人のにぎわい、それらによる〝熱〟が、はるか彼方の荒地や湖で眠るコレを揺さぶり起こし、儀礼の場へいざなうのだという。

今晩のアベバは白い布を頭に巻き、床に座り込み、天を仰ぎつつ、タガブの演奏に合わせてゆったり上半身を前後に揺らし、何やらぶつぶつつぶやいている。コレを迎え入れるには、じゅうぶんな準備をせねばならない。人々は床いっぱいに草を敷き、コレが好むとされる羊の肝をちりばめ、念入りに儀礼の空間を準備する。コレは動物の血と肉が大好きで、ささげられた羊や鶏をさばくときに地面に滴り落ちる血を首を傾けて啜るという。コレはまた、さまざまな香りを好む。お香、コーヒー豆を煎る香り、香水（とくに外国産）は必需品である。酒類も欠かせない。アラケという蒸留酒が儀礼の最中に頻繁に参加者に振る舞われる。アルコール度数の高いこの酒を絶対に飲まないよう、タガブは私に言い聞かせる。強い酒を飲むと、私がしばしば眠り落ちてしまうからだ。タガブは、それぞれのコレの特徴や好みにあわせた旋律や歌詞を使い分けて演奏をおこない、ときには即興的に歌詞をつむぎだし、コレを呼び寄せ、楽しませる。

ザールの参加者はアムァムァキ（あたためる人）、あるいはアンカサッカサシ（ゆりおこす人）と呼ばれる。におい、音、にぎわい。みなで空間を熱し、はるか彼方からコレを誘いこむ。この熱が不十分だったり、中途半端だったりすると、コレは怒り狂い、馬／霊媒を荒々しく乗りまわし、黒オリーブの若葉を食って怒り、火のなかでダンスをする。そして霊媒を病気にさせるのみならず、儀礼に関わる人々に不幸をもたらすといわれる。

何かがおかしい。私がカメラをまわしているせいか、あるいは小型のライトのせいなのか、なかなかアベバが馬へと変容しきらないのである。タガブが歌う。

さあ神よ　おまえが望むものはすべてそろった

われわれの神よ　降りてこい
さあ神よ　おまえが望むものはすべてそろった
北ゴンダールの神よ　降りてこい

ここでの神とは、キリスト教正教会の神をあらわすものではない。コレを指すのだ。ザールでは、キリスト教の神とコレの区分があいまいになるどころか、その境界は溶解し、混沌とする。イスラム教徒も参加するし、それどころか、日中はザールを否定する教会の修道士も参加することがある。

七、八人が円陣を組み、タガブの演奏にあわせて手を叩く。突然、アベバが部屋の中央に踊り出て、髪の毛を振り乱し上半身をぐるぐると激しく旋回させはじめる。この動きを合図に、全員がいっせいに「イルルルルルル……」と喉の奥から歓喜の声を絞り出す。ンダラバが到来した合図である。タガブが反復するマシンコのメロディが力強く加速する。

そのとき、私の体中に悪寒が走り、小刻みな痙攣がはじまった。体が思うように動かない。カメラを放り出し、土の床に横たわり、しばらく儀礼の様子をながめる。タガブが演奏しながら、心配そうに私のほうに、ちらり、ちらりと目をやる。演奏が止む。

蠟燭の灯りに照らされたアベバの形相は険しく、苦しそうにゆがんでいる。アベバのかっと見開いた目がザールの依頼者の女性を射抜く。彼女を手前まで呼び寄せたかと思うと、その衣服とブラジャーをいきなり乱暴にはぎとった。すかさず口に含んだアラケを、彼女の張りのあるたわわな乳房に激しくふきかける。私の体は動かない。それどころか、吐き気を催し、気分が悪くなってきた。

タガブがマシンコを手にとり、演奏を再びはじめた。今度はアベバがタガブに歌詞を投げかける。いや違う。この時点ではすでに、アベバの身体を通して語る主体はンダラバであり、アベバは〝コレが乗りこなす馬〟となった、ということになる。タガブは一字一句、アベバの口から放たれることばをリピートし、マシンコのメロディに乗せていく。

北の荒地を出て各地をさまよい
この女（アベバ）をみつけた
お香もコーヒー豆もじゅうぶんにそろっていないじゃないか
おまえは俺が怖くないのか？

アベバは、いやアベバの肉体は、断片的で、整然としないことばを発しつつ、ときに金切り声をあげ、頭をはげしく左右に振り、上半身を旋回させ、前後に大きく揺らし続ける。荒地の大蛇ンダラバは荒々しくアベバ／馬にまたがり、まるで阿呆のように歌い踊り人々と戯れるのである。土の床に横たわり、吐き気をこらえながら、目の前の出来事を凝視する私。夫妻は次回の儀礼の日取りを決め、それまでに準備するコレへの貢物の約束（シラット）を交わせたようだ。しばらくするとアベバはうつむき、しゃがみこんだ。死んだような静寂が農家の一室を支配する。ンダラバが、どうやら北ゴンダールの荒野の住処に帰ったようだ。コレが去ったあとの空間は〝冷めた〟と表現される。するとまるで魔法が解けたかのように、先ほどまでの、苦しみと気分の悪さが私の体から去っていった。いったい何だったのだろう。私は体を起こし、タガブの横に腰かけた。アベバは、ふだんの優しくやわらかい表情に戻り、カワセは大丈夫か、と私のことを心配してくれている。

多くのザールに居合わせた私も、このときほど不可解な身体の変調を経験したことはない。単なる食あたりか、軽い風邪の類だったかもしれないし、大蛇ンダラバのいたずらだったのかもしれない。タガブはにやにやしながらいった、コレに気に入られただけのことさ。カワセがいざザールをはじめるときは俺がいつでもマシンコを演奏し、歌ってやるさ。

その後残念ながら、この夫婦が子どもを授かったという話は聞いていない。

―11― コロタマリ

羊の毛皮でできた半球型の帽子。全身を包むコットンのマント。小型の聖書を入れる、なめしたての牛革でできたポシェット。そして野良犬を追い払うための木の杖。ゲブレが民家の軒先で祈りをささげる。ニキビ面の十五歳の少年は、キリスト教エチオピア正教会の聖職者のたまご、コロタマリである。家々の軒先で「スライグザベール、スライグザベール（神の名のもとに恵みたまえ）」と繰り返す。

そもそも、かけだしの聖職者たちが、コロタマリと呼ばれる理由はこうである。〝コロ〟とは、大麦などを煎った軽食、いわばコーヒーや酒のおつまみ。そして〝タマリ〟とはこの場合、神の教えを学ぶ者を指す。貧しかろうが裕福であろうが、どのような経済状況の者でもコロだけは家の食卓に備わっている。祈りと祝福のことばを人々に与えるコロタマリが、人々から受け取る最低限の報酬がこのコロなのである。ゲブレはコロのほかにインジェラも受け取るが、そのほとんどは原形をとどめない食べ残しで、焼きあがった状態から数日経ったものである。それらは、ときとしてかび臭い嫌なにおいを発する。家々によっては、金銭をゲブレに渡してくれるが、それは大きなお祭りの前後か新年の、限られためでたい機会のみ。

「ウヘヨ、フォアルカ?（兄弟よ、元気か?）」「イグザベリ・セッバ（神のおかげで元気さ）」。エチオピアの公用語アムハラ語のルーツのひとつといわれ、聖書や儀礼の場に用いられるゲエズ語を、ストリートではまるで若者たちのスラングの挨拶のように用い、コロタマリ同士、互いのつながりを確認しあう。ゲブレは、ゲエズ語の新しい単語やフレーズをおぼえると、それらのことばの文脈をしっかり咀嚼する前から、とりあえず使ってみる。しかしながら、年配の聖職者に対しておぼえたてのゲエズ語を使うと明らかに嫌な顔をされることもある。これらの語の使用機会とタイミングには、じゅうぶん気をつけねばならない。

ラス・ダシャン山の麓の農村で生まれたゲブレ。信心深い農夫である両親のはからいで、ゴンダールの街の教会に入れられた。ゲブレ自身は、教会に入るということがどういうことか、はっきり理解していなかったのだが、農村での生活以上の何かを経験したいという気持ちがあったのはたしかだ。また、農村にしばしばやってくる聖職者たちが、人々に敬われる姿を幼少期のころからみてきた彼は、その仕事が、おそらく悪くないものであろうと漠然と考えていた。

彼が属するのはバアタ教会。正教会の信仰の重要な柱である聖母マリアをかかげる教会である。

ゲブレは常日ごろ両親から、エチオピアは神から聖母マリアに対して贈られた贈り物である、と教えられて育った。この教会はとくに、コロタマリの厳しい鍛錬の場として知られる。ゲブレと同じ時期に教会に入った少年たちのなかには、修行のつらさのため、逃げ出した者もいる。

通常、正教会の信者はツォムと呼ばれる精進期間を守ることが求められる。ツォムは、各週の水曜日と金曜日。それ以外にも短期間、長期間、さまざまなツォムが存在し、エチオピア正教会は、トータルすると年間約百八十日のツォムを守ることを信者に求める。ツォムの期間、信者は、バターや肉類をはじめ、動物性のたんぱく質の摂取を避け、菜食を中心とした食生活に切り替える。また酒類や歌や踊り等の娯楽を避ける。当然のことながら、教会に属する聖職者には、より厳しく長いツォムが課せられる。ゲブレたちコロタマリは、日の出から午後の三時までは食事どころか水分を一切とらない。

ツォムの意義は、生活を厳しく節制することにより自らの身を弱め、自分本位になりがちな生活態度を改めることである。なかでも、聖職者、庶民、どんな信者にとっても、もっとも重要なツォムは、アルバツォムである。このツォムは、二ヵ月弱の長期間におよぶ。あまりにも禁欲的で厳しい生活のため、みな数キロ痩せる。アルバツォムは、キリストの復活を祝う祭日、ファシカとともに終わる。日付が変わりファシカを迎えるときの、大地を揺らすような人々の歓声。ゲブレが一年のうちでもっとも愛する瞬間だ。人々は、ツォム明けの翌日から牛の生肉をほおばり、蜂蜜酒タッジを飲み祝い、踊る。精進期間に誤って肉を食べてしまう等何らかの過ちを犯した者は、教会に赴いて懺悔し、神の許しを乞う。

ゲブレが属する教会の、正面玄関に向かって左側にみえる塀沿いの小道をわけ入っていくと、コロタマリたちが居住する草ぶき屋根の小屋がみえてくる。ひとつの小屋に五、六人が窮屈に身を寄せ合って生活する。早朝から昼にかけて、民家をまわり人々の食べ残しを集める。午後は小屋のまわりでゲエズ語の聖書を読み、暗唱する。先輩たちから出された試験をすこしずつクリアし、聖職者への階段を一歩一歩のぼっていかねばならない。

教会の玄関にかかげられた木製の板が打ち鳴らされると礼拝がはじまる。長くゆったりとした呪文のような経が、デフタラと呼ばれる、儀礼音楽を担当する聖職者たちによって唱えられる。デフタラは頭に布を巻く。一般的には白色だ。その後ろに高位の聖職者がならぶ。彼らは黒色の円筒形の帽子をかぶる。左手には儀礼用の杖、そして右手に握るのはツェナツルと呼ばれる金属製の楽器である。これを左右にゆっくり揺らして音を出す。右下には儀礼用の太鼓、カバロ。杖の先で地面を打ち、鞭打たれるイエス・キリストを想像する。さらに、ツェナツルの左右の揺れと太鼓のビートは、群衆から打たれ、よろめきながらもゆっくりとゴルゴタの丘で歩みをすすめるイエス・キリストをあらわす。長時間にわたる儀礼の合間に、聖職者たちは起立状態のまま、この杖によりかかって休む。ゲブレはツェナツルのアクセントの繰り返しのなかで、深い眠気に襲われる。正教会の儀礼音楽はゼマと呼ばれ、六世紀の聖人ヤレードが鳥の声からインスピレーションを受けて作曲したという伝説がある。ゼマは神からの贈り物であり、正教徒の生活に深く根づいている。

ゲブレは朝の活動中、コロタマリの装束を脱ぎ、ホテルやレストランの食材を運んだり、建築中の家屋の資材を運んだりするアルバイトをおこない、小金をかせぐ。アルバイトはしかし、教会からは禁止されている。そのため、他のコロタマリたちに知られないように、すこし遠方のエリアまで出向く。その道中、外国人観光客がよく宿泊するコテージを通りがかる。ある日、ファレンジ（外国人）がゲブレに向かって、手招きをした。コテージの入り口にあるテラスの席をすすめられ、彼が飲むコカコーラをすこしわけてもらった。生ぬるいコーラを飲むと、ゲブレのふっくらとした頬は赤みを帯び、微笑みでたちまち崩れた。次に出会ったときも彼に席をすすめられスプライトを一緒に飲んだ。そしてある日、ビールを飲まされた。それは苦く、うまいといえる味からはほど遠い。しかし、ふだんの厳しい生活をつかのま忘れるにじゅうぶんな魅惑的な味であった。

農村での日々が懐かしくないわけじゃない。教会横の小屋に住むようになってまだ一年。まるで何十年も経ったかのようだ。一日が終わり就寝するとき、農村での生活がゲブレの脳裏によみがえる。農家の朝は早い。六人兄弟の末っ子であったゲブレ。日が昇る前にニワトリの鳴き声にせきたてられ、土の床に敷いたヤギの毛皮のベッドから起き上がる。就寝時に頭からつま先まで覆うぼろぼろの毛布。その毛布で体を包んだまま、薄明の冷気のなかに踏み出す。家の脇の家畜囲いのなかでは、母が牛の乳を搾っている。搾りたての乳を、煙でよく燻されたヒョウタンの容器にもらって飲み干す。そうしてゲブレは木の柵から牛たちを追いだし、勢いよく丘の上の放牧地までかけ上る。丘のすぐ下の幹線道路を、農夫たちの一団が歩いているのがみえる。町の市に向かう集団である。ニワトリを逆さにつるした杖を肩にかつぐ者、羊を何十頭も連れた者、みなほとんど駆け足に近いスピードで歩いていく。一団のなかには、穀物を入れた麻袋をロバに背負わせ、市への道を急ぐゲブレの父と兄の姿もみえる。父は市での用事が一段落すると、昼間から町の酒場に入り浸り、農夫たちと蜂蜜酒を酌み交わすのを何よりもの楽しみにしている。

牛たちの放牧の番をするゲブレは、群れからはみ出ようとする牛に、肌が傷つかない程度の加減で小石を投げつける。びっくりした牛はすぐに群れに戻る。ゆっくりと草を食む牛たちを見張りつつ、竹製の笛ワシントを取り出す。おぼつかない旋律が高原に響き渡ると、どこからともなくすこし年上の牧童たちが数人かけよってきた。牧童たちは、近々隣村へ嫁ぐゲブレの十四歳の妹の結婚相手の名前や家の家畜の数など、矢継ぎ早に質問をあびせかけるのだが、ゲブレには見当がつかない。親が勝手に決めた新郎がどんな人物なのか、新婦である妹にも、式の当日までわからないのである。ゲブレはうつむき加減でワシントを吹き続ける。やがて牧童たちは、結婚式の〝予行演習〟ということで、肩をはげしく波打たせる踊り、イスクスタを円になって踊りはじめた。喉を絞った裏声で「ウルルルル……」と歓声を上げる。水が入った壺を背負い家へ運ぶ途中の少女たちも、壺を道の脇に置き、このにぎやかな輪のなかに入ってきた。少女たちの髪の毛にたっぷり塗られたバターが額を伝って流れ落ちていく。

牛たちを使って畑を耕すゲブレの四つ上の兄、キロス。牛に木製の犂をひかせ、左手で犂の柄を持ち、右手のムチで空を打ち鳴らす。ムチの音を聴き、牛たちは方向、スピードをかえていく。ゲブレは兄が牛を巧みにコントロールする姿にあこがれ、それを見よう見真似でおぼえたが、最初は牛の力に押されてまったくうまくいかなかった。そのうちようやく牛犂の基本をおぼえ、牛のコントロールがおもしろくなりはじめた矢先、彼は町の教会に出されたのである。

村の若者の間で獣姦は決して珍しい話ではないが、キロスほど雌ロバと交わることに没頭した若者もいない。小柄なキロスはロバの性器に届かない。石を積みあげ、それにのぼってやっと届くかどうか。ロバは嫌がり逃げようとする。ゲブレの役割は、キロスの行為の最中、ロバの顔をキロスのジャケットで包みこみ、逃げないように押さえつけること。キロスのジャケット。それは中国製の粗悪な衣服だが、キロスによれば、マイケル・ジャクソンがまとう服に似ていたとのこと。キロスは〝マイコージャクソン・ジャケット〟と自らのいっちょうらを称し、そのジャケットを誇らしげに着るのであった。キロスは、あるときいつものようにゲブレの力を借りて、ロバと性交しようとした。しかしその日は、ロバがキロスの力をはるかに上回った。ロバはするりと逃げ出した。そしてキロス自慢のマイコージャクソン・ジャケットを頭にかぶり、集落をかけまわった。つかのまの自由を得たロバは高らかにいななく。キロスのジャケットをかぶったまま走るロバをみた村の農夫たちは、一瞬で何が起きたかをさとった。

バアタ教会に一歩踏み込むと、こうばしい香のにおいがあふれる。そしてまばゆいばかりの、色とりどりのイコンに包まれる。教会の窓から差し込む光の線に埃が舞い上がるのがわかる。幼いイエスを抱いたマリア、神と人々を結ぶメッセンジャーである翼をもった天使ミキャエルとガブリエル。ガブリエルに踏みつけられるドラゴン。ドラゴンの横に描かれたことばであるルコス・メンフェス、〝うす汚れた魂〟。悪魔やドラゴンは青く塗られ、片目のみ描かれる。二つの目がそろった瞬間、それは恐ろしく邪悪な力を発揮し、人々に襲いかかるのだという。ゲブレにとって、教会のなかに描かれた数々の絵は、イエスや聖者たちの奇蹟や受難をなぞるだけのただの絵画ではない。それらは実際に呼吸をし、生息する祈りであり呪いであり罰であり、神の愛の具体的な姿そのものなのである。これらの聖者たちのイメージに包まれながら、迷える人々に救いの手を差し伸べ、祝福のことばを与える〝魂の父〟（ネフセ・アパティ）となるかもしれない自分の姿をひそかに想像してみる、いや、あるいは厳しい修行に耐えきれず、ラス・ダシャン山の麓の村に帰るのかもしれない。ただ、もうすこしだけここでやってみようという気はある。ゲブレは深く息を吸い込んだ。

Coca-Cola

12

ヨハネスとの約束

いつのことだっただろうか。日本から持参したノートを使い果たしてしまい、ゴンダールで安物のノートをいくつか購入した。アムハラ語の伝承歌の歌詞などを断片的に書きなぐったりはしたが、たいしたことを書き留めたわけでもなく、ノートは余白を残し、日本や英国の私の研究室のすみに何年も放置されていた。

あるとき研究室を訪れた同僚がそれらのノートを私の部屋のゴミの山から掘り出し、手にとりパラパラとめくりはじめた。保存状況が悪く、ページがところどころ黄色く変色しているのはまだよいほうで、ページが部分、部分、抜け落ち、ノートの体を成していないものまである。乱筆で、何が書いてあるかわからない。恥ずかしいからやめてくれとその同僚にいいつつも、懐かしい友人に再会するべく、私自身も、それらのノートを手にとった。そして、それがほつれて崩れ落ちてしまわないよう細心の注意を払いながらページをめくっていった。そうするとところどころに、子どもたちによって描かれた落書きが残されているのがわかる。それらは抽象的な図柄から、完成度の高い絵、あるいはアルファベット文字の練習と見受けられるものまでさまざまである。私の常宿、エチオピアホテルの部屋に出入りする何人かの子どもたちが、興味本位でノートに何か手を加えているのは知っていたが、私はとくにとがめることもなく、かといって何かを書くよう彼らにリクエストしたわけでもない。ただ、いまこうしてみてみると、よくもまあこんなに、と思うほどのイメージが私のノートのなかに棲息し、ところどころで自己主張しているのがわかる。

そのようななか、ヨハネスという少年のサインが記された絵がひときわ目立っている。古代の戦士から家畜と人々のやりとり、家庭の食卓風景、さらには教会に通う庶民の姿も見受けられる。たとえば戦士の絵。口ひげをたくわえたカラフルな戦士が、するどい剣と円形の盾を持ち、はだしで大地を踏みしめている。そして、細かい升目が敷きつめられたようなヘアスタイル。これは現地のアムハラ語で〝ショルパ〟と呼ばれる類の、三つ編みを平行に頭皮にならべる、いわゆる〝コーンロウ〟を表現していると思われる。十九世紀に近代化政策を推し進め、英国軍と果敢に戦った皇帝テオドロス二世やその戦士たちは、この髪型をしていたといわれている。エチオピアのかつての勇壮な戦士をイメージして描かれた絵なのであろう。ヨハネスの絵は決して上手ではなく、当時の彼の年齢を考えると稚拙なものともいえる。とはいえ、それらの絵は、エチオピア北部の地域社会の生活文化や歴史について考えさせられる内容であり、なかなか味わい深いものでもある。

ヨハネスは私がずっとお世話になってきた調査助手の弟だ。ゴンダールには、世界遺産に登録された遺跡やエチオピア最高峰のラス・ダシャン山を含むシミエン国立公園がある。エチオピア屈指の観光地であるため、外国人の旅行客がよく訪れる。ヨハネスは放課後、街にやってきた旅行客をつかまえ、ホテルや飲食店を紹介したり、遺跡や教会群を案内したりとせわしなく街をかけまわることを日課にしていた。アムハラ語のスラングで、〝アラダ〟ということばがある。これは、抜け目がなく、狡猾で、流行に敏感な都会の若者を指して用いられる表現だ。ハンサムですばしっこい彼は典型的なアラダで、女の子によくもてたし、小金をよくかせいだ。好奇心旺盛なヨハネスや彼の仲間の少年たちは、私が日本からやってくると、よく私のところに遊びにきては、何がどうということのない時間をともに過ごしたものである。いまから振り返れば、これらの絵はそのときに描かれたものであるだろうし、私自身、ヨハネスとのやりとりを通して、ゴンダールの若者の風俗やストリートの出来事について、いろいろと情報を得ていたと思う。私が日本へ帰る際、黙ってうつむきながら涙を隠していた彼の姿が思い浮かぶ。

そんなヨハネスがあるとき、体調を著しく崩し突然失明してしまった。彼は街で一番大きな病院にしばらく入院をした。また、強力な効力を有するといわれるツァバル（聖水）を、遠方の教会から取り寄せて飲んだりもした。しかしながら、まったく快方に向かう気配がなく、彼はみるみるうちに弱っていった。最後に私が見舞いに行ったとき、彼は私の手を握り、日本製の小型オーディオプレーヤーを買って持ってきてくれ、お金はちゃんと払うから、と頼んできた。私は次にゴンダールに来たときには必ず持ってくると彼に約束をした。このときのヨハネスの、氷のように冷たい手の感触と、それにそぐわない握力の強さをおぼえている。ヨハネスは間もなく亡くなり、結局この約束が果たされることはなかった。

ノートを開くと、ところどころに息をひそめていた落書きたちが、互いにおしゃべりをはじめ、物語をつむぎだす。そして私を、ゴンダールのストリートの雑踏に誘うのである。

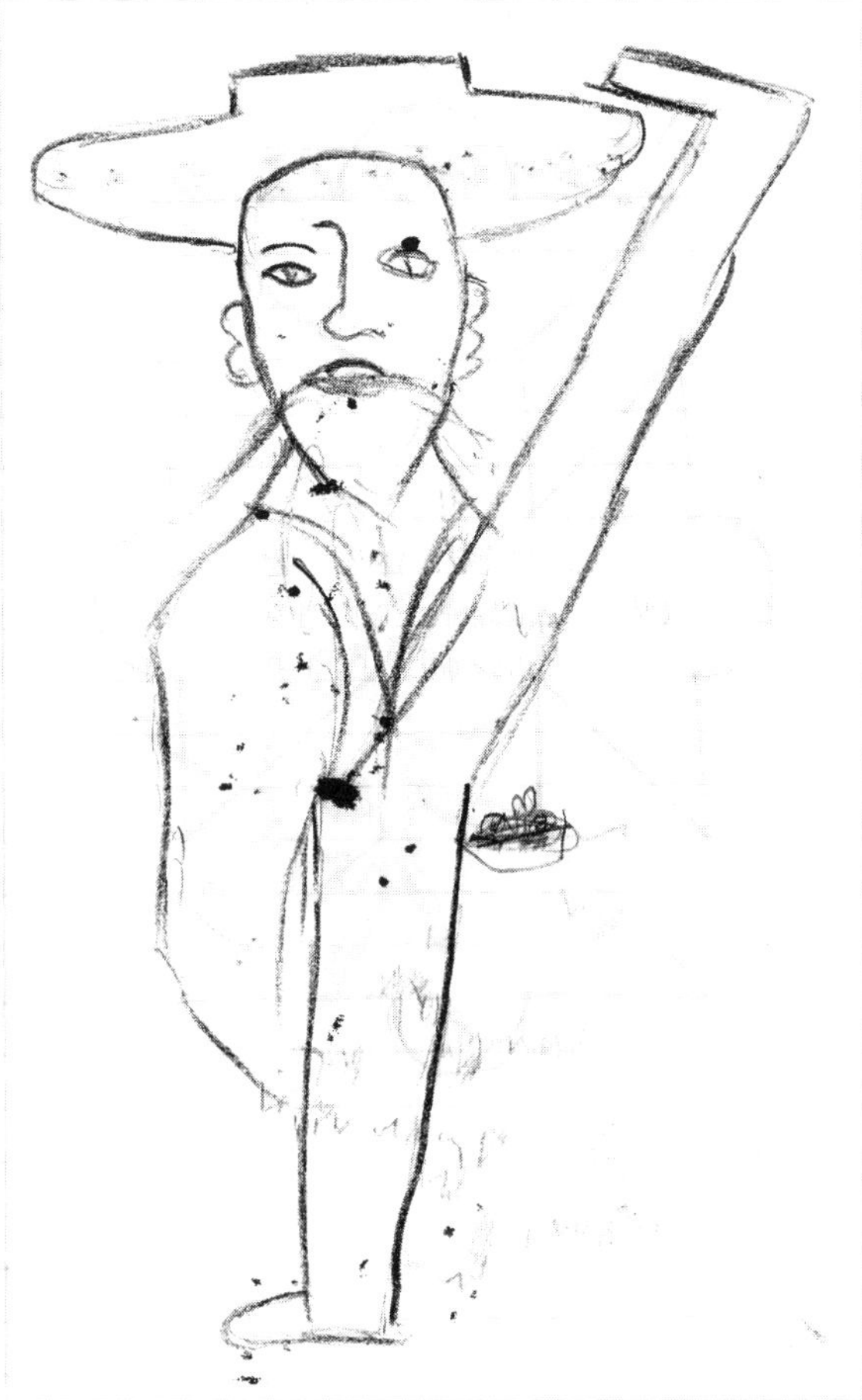

―13― 再会

旧友テグストゥの語り

カワセ、ハダスフィールドへようこそ。何もない味けない街でしょ？　フェイスブックってすごいわ。私をみつけてくれてありがとう。あなたとまたこうして会えるなんて思わなかったわ。まさか近所のチードルヒュームにあなたが住んでいるなんて。イングランド？　もう二年になるかな。週に五十ポンドもらえて、そして小さいけど、みての通り一応部屋もあてがわれて。いまはここで美容師になるための修業をしているの。この夫とはゴンダールからの旅の途中、スーダンで出会ったの。子どもはこっちで生まれたのよ。こっちでは、ほんとうのことなんて話してないわ。私たちが誰で、どこから来たかなんて。エリトリアからやってきた難民申請者っていうことになってるの。正直にエチオピアから来たなんていうよりも滞在許可が下りやすいから。ここのバラスルタン（役人）にはわかりっこないもの。

え、私変わったって？　そりゃあ、いろいろあったわ。長くてつらい旅だった。スーダンを抜けたあとのリビア。思い出したくもない。身の毛もよだつようなことがいっぱい。デラライ（仲介者）にだまされて金品を奪われたこと。地中海でボートに乗ったときのこと。真夜中の海。ボートがひっくり返って、二十四名のうち、半分が溺れ死んだわ。夫の姉も。私たちの目の前でね。ボートに必死にしがみついて、じーっと救命されるのを待ってたときの気分ったら。何時間も海のなかに漂って。肌はふやけて。もうこんな話はやめましょう。

ゴンダールでみなでよくつるんだわよね。あなたが町にやってきたとき、私はまだ十代の終わりだった。懐かしくない？　あれから何年経ったの？　エフレムが事故で死んだこと、風の噂で聞いたわ。そう、あなたの泊まりつけの宿の末っ子の。物乞いから流しのアズマリの子どもから、だれかれかまわず部屋に入れて、どんちゃん騒ぎするあなたを、宿の主人は煙たがってたわよね。銀行に勤めてた長男も、次男も、あなたなんて出ていけばいいと思ってた。末っ子のエフレムだけは優しかった。誰に対しても。ほんとうにいい子だった。あんな善良な若者が先に死ぬなんて、マリア様も酷だわね。アズマリのタガブは元気？　いつもあなたと一緒だったわよね。あの子はほんとうに忍耐強かった。誹謗中傷を浴びせかけられてもびくともせず、淡々と仕事をこなしてたわね。

ジャンタカル公園の肉屋さんはまだあるの？　ずいぶん前になくなったって？　よくみんなで行ったわね。ウェールズの春の羊もおいしいけど、ジャンタカル公園の、あのイチジクの巨木の下で食べたトゥレ・シガ（生肉）の味が忘れられないわ。公園近くの蜂蜜酒の酒場は？　味が落ちたけどまだ通ってるって？　あなたもあいかわらずね。ジョニー、アレックス、ナガ、悪名高きゴンダールのストリートガイドたちはみんな元気？　あなた、あの子たちと路上ですれちがうたびに罵り合っていたわね。外国人観光客が町にやってきたら、すぐにカワセが観光客たちにガイドたちの悪い噂を撒き散らし、観光客からガイドを遠ざける、そしてガイドたちは仕事が減って、くいっぱぐれるって。あの連中はあなたについて、いつも怒ってた。

連中が考案する、ファレンジ（外国人）から金をまきあげるための、あの手この手の方法、おぼえてる？　いまから思えば、ひどいもんだわよね。タッジベット（蜂蜜酒酒場）やバヘルミシェットゥ（伝統音楽のクラブ）に外国人観光客を連れていって、高額の紹介料を要求する。もっとひどい話は、アラガがやったあれ、あれ。観光客にラス・ダシャン山のトレッキングツアーに連れていくといって前金を受け取る。ミニバスをレンタルして、ゴンダールを発つ。一時間ほど車で移動したらツェダの市場に着く。ツアー客たちにはトイレ休憩だといって、この市場で降りてもらい、ガイドたちは車もろともとんずら。アラガのやつなんて、この手法を懲りずに繰り返したのよ。すばしっこいからザッパ（警察）にはつかまらなかったけど、ものすごく悪質なガイドということで、ウェブ上の各種の掲示板で、実名で告発されちゃってる。バラゲ（最低なやつ）ね。

あなたもあなたで、アムハラ語の罵詈雑言をストリートでおぼえるたびに、すぐに連中に向けて使ってたわよね。あなたたちのいたちごっこに、こっちはいつも涙を流して大笑い。あの子たちもう大人になってオフィスをかまえてるのよね、嘘みたいな話ね。え、仲直りしたって？　アレックスはＶＩＳＡ（アムハラ語のスラングで〝外国人女性〟）を得て欧州にいる？　バイエはまだストリートをぶらぶらしてるって。彼らしいわ。

エチオピアの何が恋しい？　そんなバカな質問ある？　そんなのすべてにきまってるじゃないの。いつかこちらで成功して、またゴンダールに戻れる日がくるかな。たぶん、神様のみが知ってるわ。あ、そうそう。このデルコシ（乾燥インジェラ）はロンドンのマーケットで買ったの。もちろんテフ（インジェラの原料になるイネ科の穀物）でできてるのよ。ほら、ドロワット（鶏肉などを煮込んだシチュー）をつくったから冷めないうちに食べなさい。

カワセの語り

テグストゥ、チードルヒュームへようこそ。よく来てくれたねえ。まさか、こんなふうに再会できるなんて、思ってもみなかったなあ。いやびっくりだよ。だって、ここはゴンダールでもアジスアベバでもなくてイングランドなんだからね。殺伐とした隣街、ストックポートの中心部と違って、ちょっと静かで落ち着いた場所だろ。クロウタドリの優雅な鳴き声、上品に整えられた公園、ポッシュ（上流階級志向）なカフェやレストラン。ゴンダールの裏通りとは大違いだね。娘をつれて保育園に行くんだけど、白人のママばかりで、みんなきついマンチェスターなまり、マンキュニアン英語を話すものだから、何をいってるのかさっぱりわからない。

ときどきインジェラが恋しくなっちゃって、マンチェスターの中心部、サックビルストリートのエチオピアン・レストランに行くのさ。ごちそうのドロワットもいいし、イェツォム・バイヤネット（豆類、キャベツ、じゃがいも、ビートなどの野菜のおかず）もうれしい。でも家庭のふだんの味、シェロワット（数種類の豆の粉を煮込んだシチュー）さえあれば、それでじゅうぶんだよ。インジェラの何が好きかって？　いまさらなんだよ、そんな質問。あの酸味にきまってるだろ。ただ、ゲブス・インジェラ（大麦を混ぜたインジェラ）は、たまに酸っぱすぎて困る。僕はテフが中心の普通のインジェラでいい。ただね、エチオピアン・レストランの料理はひどいもんさ、テフなんてほとんど入ってなくて、ベーキングパウダー、そしてライスパウダーでごまかして。見た目はいいし、おいしいことはおいしいんだけど、何かが違う。妙におなかがふくれて不快な気分になるのさ。イングランドで、いやヨーロッパのエチオピアン・レストランで、まともなインジェラにめぐりあったことなんて一度もない。もちろん東京でも、大阪でも同じさ。

いや待てよ、そういえばロンドンにひとつよい場所がある。おいしいインジェラの獲得方法がある。これはここだけの秘密だけどね。僕はよくロンドンに出張に行く。チードルヒューム駅を出て、早いときは二時間十六分でユーストン駅に到着する。駅を出て大英図書館を左手にながめながらぶらぶら歩く。セント・パンクラス駅あたりにさしかかると、すこしずつ胸が高鳴ってくる。そう、駅の裏手には斜めに伸びていくカレドニアン・ロードが僕を待っているからさ。ご存じの通り、あの界隈は、エチオピアン・レストランやカフェがたくさんあるだろ。エチオピア系のスタッフが営むヘアサロン、雑貨屋なんかもね。とくに、新たにイングランドに来たばかりのハベシャ（エチオピア人）は、まず、やはりカレドニアン・ロードのハベシャが経営する飲食店に行って、仕事や暮らしに関する情報をかき集める。で、あの通りで一番、ハベシャに人気のお店、マラソン・レストランがあるだろ。その向かいにゴンダール人が集まるインターネットカフェがある。あそこの賄い料理がすごいのさ。なぜかって？　答えは簡単、テフの量をけちらずに、たっぷり使うから。あの賄いインジェラをはじめて食べたときの感動をことばであらわすことはできないね。このカフェでは客に嘘っぱちのインジェラしか出さないくせに、従業員はちゃっかり、とびきりうまいインジェラを食べてるってわけさ。おかしな話だろ。

昼すぎに、ふらりとこのカフェに立ち寄って、従業員たちとアムハラ語でぺちゃくちゃ話す。しばらくすると、従業員たちのすこし遅い昼食の時間さ。何人かが「インネブラ！」（さあ、一緒に食べよう）と誘ってくる。もちろん僕はゴンダール人だから、この誘いのことばを一度、二度はきっぱり断る。それがマナーだよね。それでも従業員が三回目の「インネブラ！」をいってきたら、待ってましたとばかりに、一緒に食べるのさ。その味といったら。ゴンダールのルールでは、一緒に食べようと声をかけられた側は、どれだけ腹がすいていたとしても、うかつにこの誘いに乗ってはいけないよね。建前を述べて、誘いを断ることが美徳とされる。僕も実は、エチオピアを知った最初は「インネブラ」ということばを額面通り受け取って、誘われるままにインジェラに手をつけたさ。あとから裏で、非常識で浅ましい人として非難された。いやあ、気まずい思いをしたよ。最初はこの「インネブラ」に関して全然ちんぷんかんぷんだったなあ。というか、いまでもこの食をめぐるコミュニケーションに関しては完全に理解したとはいいきれないね。

ストリートの喧騒、顔をそむけたくなるような嫌なにおい、排気ガス、そして、鼻息の荒いストリートガイドたち。たしかに、最初はガイドの連中たちと、喧嘩ばかりだった。ゴンダールで調査中だったフロリダ大学の考古学の学生をだまして、大金をまきあげたバイエ。あのときのことおぼえてるだろ？　あいつはある日、自分の母が病気になったから薬が必要だ、といって、そのアメリカ人の学生に薬代を払うよう頼み込んだのさ。薬代の請求書を持ってね。彼女はエチオピアに来たばかりで、ガイドたちの悪だくみについては、何も知らなかった。彼女はかわいそうにといって、薬代全額をバイエに支払った。すこし後に、その請求書をみた僕は、これはひょっとすると、と思って、請求書にあったクリニックに電話をかけた。そしたら、何とその電話に出たのはクリニックの関係者なんかじゃなくて、バイエの舎弟のガショだったってわけさ。最初っからそんなクリニックなんて存在しなかったのさ。これにはこっちも頭にきて、バイエをとがめて警察に突き出してやろうとしたら、あいつは、泥棒もれっきとした仕事の一種だ、とサラリといってのけやがった。まったくたまげたね。おまえはただのアゴザ（ヤギの皮、あるいは〝怠け者〟の意）さ、と言い返したら、バイエの怒ること怒ること。

あ、そうそう、ガイドたちが、〝システム〟と呼ぶ詐欺も許せなかったね。架空の祝賀式、パーティーなんかをでっちあげる。たいていは体育館のような場所で。そこに観光客をゲストということで招待する。飲食物や、適当なグループダンスなんかでもてなして、そして会の終わりに、とんでもない額の経費の支払いをゲストに要求する。たいていはゴンダールにやってきたばかりの観光客がこのシステムにはめられる。まったくひどいったらありゃしない。ひどいといえば、もうひとつ。アレックスのＶＩＳＡの件さ。なぜあいつが、アメリカ人女性と結ばれたかっていうこと。彼は、ゼナブリプス（雨合羽、〝コンドーム〟を意味する隠語）に小さな穴をあけた。ガイドたちがＶＩＳＡを確保するためによくやる方法さ。まったく最低だ。

そろそろ夕飯時か。このテーブルの上の食べ物、これは、フォーというベトナム料理。あ、箸は使えない？　じゃあいまフォークとスプーンを出すよ。たっぷりコリアンダーをのせて食べるとおいしいよ。あいかわらず豚肉は食べないんだね。大丈夫、それは豚肉じゃなくて、鶏肉。牛肉もすこし入ってる。うちのカミさんは、ベトナム人の親友のジェシカからこのフォーのつくり方を学んだ。ジェシカは難民だったのさ。君と同じように海を渡ってイングランドにやってきた。赤子のとき、戦争後の混乱した祖国を離れたのさ。家族でボートに乗って。沈みかけたボートが、幸運にもスコットランドの漁船に救われた。ジェシカのお母さんは、小さな赤子だったジェシカを必死で抱きかかえて海を泳いだっていう。ジェシカは勉学に打ち込み、マンチェスター大学を卒業して、いまはチードルヒュームの近所で暮らす。彼女の長男とうちの息子が、プライマリースクールの同じクラスだったから、自然に親しくなったっていうわけ。ジェシカはいまではチードルヒューム屈指の人気カフェを経営している。すごい人気で入れないときもあるくらいさ。さあ、フォーが冷めちゃうよ。インネブラ！

14 旅路

おーい、やめろ、やめろ、やめとけってば。絶対ひどい目にあうだけだってば。おまえが何でそんなにヨーロッパに行きたいのかこちらにはさっぱりわからない、とまではいわない。なぜなら、おまえのまわりのたくさんのやつらが、そのルートで海を渡ったもんな。そいつらがうらやましいのか？　自分もできるはずだって思うよな、そりゃ。絶対に行くな、なんていう権利は、僕にはないかもしれない。たしかに、たくさんのやつが、ヨーロッパに渡っていったさ。デレブの弟たち、チュチュ、マムシ兄弟は英国。デスタの息子、ヤローアイカルはドイツ。グザーテの娘のツァハイはオランダ、いやいま彼女は英国に移動したんだっけ。ゴンダールから、スーダンを越えて、リビアを越えて、そして海を渡ってヨーロッパ。しかしまさか、おまえまでヨーロッパに行こうとしているなんて知らなかった。その海はおまえの村のワンザの大木の丘から見下ろせるタナ湖じゃない。いつか一緒に遊びに行ったアワサ湖でもない。おまえがみたこともない巨大なものさ。突然相談があるなんてもちかけられても、寝耳に水だ。この場合の水は、教会の聖水なんかではない。ありがたい聖水、われわれを清め、病を治癒する水ではない。ヨーロッパに渡ったとしても、ゴンダールの田舎育ちで、押しの弱い、お人よしのおまえがどうやって生き残れるのかわからない。

日本ではいろんな報道がある。インターネットでもいろんな写真をみた。リビアの沖を出る船。船のデッキにパンパンにあふれた人、人、人。ひしめきあう人、人、人。写真が写しだす、船上の「難民」たちの不安にひずんだ顔。もちろんエリトリア人、エチオピア人っぽい顔もたくさん混じっている。

報道はエチオピアでも同じだろ。同じようなニュースがエチオピアでも流れていないのか。エチオピアで暮らせばいいじゃないか？　何？　仕事がない？　学校に行ってないから仕事にありつけない？　アジスアベバでいろんな雇用仲介者を紹介したじゃないか。だめだったか？　だめじゃなくて、ほんとうはおまえにその気がないだけだろう。この国でやっていく気が。おまえがヨーロッパへ渡る夢にとり憑かれてしまったのは知っている。心臓の鼓動とともに、ヨーロッパへ渡ろうというおまえの夢は高まっていく。それは理性的、合理的な判断、あるいは具体的な計画に基づいたものなんかじゃなくて、おまえやおまえの仲間たちが、ファシカ（復活祭）のあと、必ず生肉を食べ、それもサナフィチ（マスタード）のソースにその生肉をたっぷりひたしながら食べ、楽師たちのバーに繰り出すぐらい、あたりまえで、自然な流れなのかもしれない。血気さかんな、おまえのまわりの若者たちも同じだろう。

何となく、もうおまえを止めることはできないような気がしている。ただ友人として忠告はさせてほしい。欧州に渡った連中はスーダンでのトラブルは少なかったという。ポリスたちのなかにはめんどうくさいやつらもいるけど、概して人々は情に厚く、困ったおまえたちに食事やら、短期間の宿やら何やら恵んでくれる。問題はそのあとのリビアだ。欧州渡航をあっせんするデライ（仲介者）たちのなかには、エチオピア人、エリトリア人、スーダン人、ソマリ人、そしてリビア人、いろいろいる。一番たちが悪いのは、エチオピア人のデラライたちさ。予想外だろう？デラライは、故郷の人間がどうなろうったって、まったく気にしない。デラライがおまえから千八百米ドル取り上げる。デラライに乱暴される女性もいる。誇張してないってば、カワセはいつもおおげさだって？　デラライは、渡航者から一度、金を取り上げたのに、あと二百ドル、三百ドルといってさらにチケット代を上乗せしてきやがる。おまえがもう金はないと彼にいうと、デラライはナイフでおまえの太ももをぶっさすのさ。

そしておまえは船に乗る。おんぼろ船。二百人乗りの船さ。ところがどっこい、その船には五百人も乗せられる、それはたちまち浸水する。そうすると、船上のリーダー格のやつが、太った巨体の人間から順番に海に放り込んで船体を軽くしようとつとめる。情けや慈悲なんてものはない。みな生き残るのに必死で、船を転覆させないためには冷徹かつ合理的に考えるのさ。その努力もむなしく、船はたちまち沈没する。おまえは荒波に放り投げだされた。ライフジャケットを着てないやつは沈んでいく。救命艇が来てくれたらいいけど。え、神のみが知ってるって？　ちょっと慎重に考えたほうがいい。新年を迎えるゴンダールで身を清めるために入るカハ川のような浅瀬ではない。これは海なんだ。おまえは海に投げ出され、無力な葉っぱのように漂うのさ。イタリアのレスキュー隊に助けられるのならまだラッキーだ。「ランパドューサ」、「ランペドーサ」、「ランペドゥーザ」、いや、島の正確な名前は忘れたが、その浜に重ねられた、多くの遺体。不謹慎な話だが、想像のなかで、そこに横たわったおまえの姿を重ねずにはいられない。もちろん村でやってもらえるように、ていねいに遺体を紐で七回巻いて、両手を合わせた祈りのポーズ、ガンネザに整えて、天国へ送ってもらうなんてこともないさ。

おまえが最終的にたどりつきたいっていうドイツの話をしようか？　どんなイメージなんだ？　そう、たくさんのエリトリア人やエチオピア人が旅の最終ゴールにかかげている国だ。おまえはそこは楽園だと思っている。命からがらたどりついたおまえたちには質素だがクリーンな住居があてがわれて、おいしい食べ物にもありつけて、仕事ももらえる、なんて考えてるのか？　そんなに甘くはないことぐらい知ってるって？

こちらはドイツで、エチオピアやエリトリアからたどりついたばかりの連中にたくさん出会ってきた。駅で、町のかたすみで、エチオピア料理屋で。町で会ったエチオピア人たちが、大学に僕の講義を聴きにきたこともある。いろんなやつらがいる。それらしき人がいたら、こちらから話しかけてみる。講義でドイツに行くと、大学で研究室と机をあてがわれる。でも自分は、研究室でじっとしているより、移民がたむろする駅をうろつくのが好きだ。ブレーメン、ケルン、ハンブルクそしてフランクフルト。どこの中央駅へ行っても、数分で、ぶらぶらしているエチオピア人かエリトリア人に遭遇する。必ず遭遇する。ドイツではもちろん、エチオピア系、エリトリア系のレストランにもよく行くさ。フランクフルト中央駅の北側にマレブ川の名を冠したカフェレストラン、マレブがある。エチオピアとエリトリアをへだてる川で、二つの国の分断を象徴する川の名を冠したカフェさ。小汚いけど、何やらぬくもりがあるカフェだ。安っぽいオルガンの五音音階テゼタ調のメロディが流れ、うすい緑色のタイルが貼られた店内。テゼタ、追憶。テゼタのメロディを聴いてしんみりするのは、エチオピア人もエリトリア人も同じ。エリトリアの国営放送が、エリトリアの首都アスマラの国立劇場の演劇を延々と流している。田舎の薪拾いの女たちの様子をいつも延々とみせている。ステージのまんなかだけをうす暗い照明で照らす。たいそうな大道具もない、寒々しい雰囲気さ。

でも、このカフェはエリトリア人、エチオピア人であふれ、国境も分断もない。雑然としているけど、いつも活気に満ちあふれ、それぞれが旅のドラマを、故郷の話を、新天地の生活に必要な情報を交換する。こちらは、インジェラの味がとくに恋しいわけでもない。唐辛子のスパイスのにおいがつんとくる、レストランのかたすみでじっとたたずんで、ティグレ語や、アムハラ語の渦のなかに身を置くことが気持ちいい。ジョロタビ（スパイ、諜報員）のように、みなの話を事細かに聞き取って、誰かに通報するわけでもないし、ここで取材して、何かに発表する文章を書くわけでもない。ただこの慣れ親しんだことばの渦のなかに身を置くことが気持ちいい。お金がないから、食事を注文せず、ただシャイ（紅茶）のみでレストランにたたずんでる者も多い。つかのまだけど、ぼーっとして、故郷のことばを聞き、故郷を想うのさ。もちろんみなアジア人の僕が彼らのことばを話せるなんて思っちゃいないさ。こちらからアムハラ語やティグレ語で挨拶すると、みな最初はびっくりして警戒する。でもこちらがエチオピアの街々の名を挙げ、歌のフレーズをくちずさみ……いろいろ話しているうちに、重く閉ざされていた心の扉がすこしずつ開かれていく。そのあと、堰を切ったように旅の苦労について話してくれる者もいる。

たしかにドイツ人のなかには親切な人もたくさんいる。「難民」をドイツ社会に適応させて、ちゃんと生活できるようにサポートするボランティアはロツェと呼ばれる。もともとは、波止場にやって来る船を誘導して、きちんと停泊させるための案内役のことさ。大学の教員や学生、非営利団体、キリスト教の教会関係者たち、いろんなロツェがいる。ウェルカムパーティーなんていって、家庭の食卓におまえたちを招待して食べさせてくれる人もいるだろう。昔ドイツにはヒトラーという独裁者がいてたくさんのユダヤ人を殺した。そう、ヒトラーは軍事政権の時代のメラク・タファラよりも、もっとたくさん人を殺したのさ。そのときの贖罪の感覚からわれわれは「難民」にも優しくするんだっていうドイツ人もいた。極右団体のように、「難民」は国民の職を奪ってしまうと、わめきたてているやつもいる。「難民」は故郷を追われたかわいそうな存在だから、守らねばっていう者もいる。もちろんものごとはそんな単純なわけないし、もっと複雑な様相を呈している。いずれにせよ、おまえを待っているのはこの外側から与えられる「難民」というラベルだ。このラベルはときとしておまえたちが欧州で生きていくには便利なときもあるけど。でもどうだろうか、両手を広げて「難民」を受け入れるような社会の熱気は冷めてしまったとも聞く。それでも行くのか?

実際、ほんとうにおまえが向こうでやっていけるのかわからない。おまえが僕をみてきたように、こっちもおまえを長いことみてきたさ。こちらのいいとこ、悪いとこをおまえがすべて知ってるように、こちらもおまえのことはある程度知っているつもりさ。繰り返すけど、おまえは気は優しいが、社交的ではないし、そんなに自分のことをアピールするやつでもない。洞察力がするどく、人の気持ちを推し量ることができるが、人を出し抜いたり、だましたり、あくどいことをして勝ち残っていくようなやつじゃない。どちらかといえば、何かひとつのものごとを淡々と継続して、その世界にほんわかとたたずんでいるようなやつさ。そんなおまえが、リビアを越えて海を渡りドイツにたどりついたとしても、ちゃんとやっていけるのかわからない。ゴンダールの田舎から出てきて、魂の抜け殻のようになったやつもドイツでたくさんみてきた。

と、そうこうするうちにおまえはスーダンを経由してエジプトに移動してしまった。やはりおまえはどうしても欧州を、ドイツを目指したいのだな。そちらはカイロ、こちらはオーサカ。朝四時半のスカイプ通話。珍しく、おまえの声は元気がなかった。すっかり痩せちまった、だって。スーダンからエジプトの陸路の移動費に金が足りなくてトラブルになった。カイロでは少数のゴンダールの仲間と合流したけど、仕事がなかなかみつからない。アラビア語には自信があるからことばは問題ない。でもいまはつらい、ほんとうにつらい、ほんとうにつらいったりゃありゃしない、すこし金を送れ、だって。だからあれだけいっただろう。何度も止めたじゃないか。でも結局、おまえを止められなかった。おまえを止める資格などこちらにはないのだろう。たまに自分の都合のよいときだけやってきては、外国に旅をした話をして。おまえを止めようだなんて勝手な話なんだろうな。広いタララ（高原）のもっと向こうに広がる世界を見渡したいのだろう。おまえの気持ちをつぶすことはできなかった。おまえはこれからどうするんだ。こっちに何ができるっていうんだ。

15　アニキの流儀

米国でアニキと出会った。アニキとはゴンダール出身の中年の楽師、サテン・アテノーのことだ。アニキの音楽活動のなわばりはUストリート。ワシントンDCのこの通りは、エチオピア移民の生活と経済の拠点のひとつである。

ある日この通りを歩いていると、建物の二階から電子オルガンの音に交じって、かすかではあるが弦楽器マシンコの音が聞こえてくるではないか。ヤギの革を張った共鳴胴と、馬の尾でできた弦が奏でる土臭い音だ。エチオピアで慣れ親しんだ懐かしくもいとおしい音である。電子楽器にほとんど埋もれそうな聴きとりづらい弦の響きであるが、確実に腕前のよい奏者であることがわかる。胸が鳴る。弦の音に誘われるまま階段を上っていく。バーのようなスペースで、エチオピア系らしきミュージシャンたちが数人、軽く音合わせをおこなっていた。彼らは怪訝そうに私のほうをじろじろみる。とりあえず、椅子に座ってマシンコの演奏をおこなう小柄な男性に、アムハラ語で挨拶する。やけに派手な色のスーツをまとっている。しかし彼は、練習の場を邪魔するな、といわんばかりに迷惑そうな顔をした後、私などまるでその場にいないかのように演奏を続けた。気まずい空気が流れる。

マシンコを奏でる者は、ゴンダールでは楽師アズマリの出自を意味する。アズマリたちとつきあいの長い私は当集団が共有する秘密のことば、いわゆる隠語を話すことができる。今度はマシンコを奏でる彼に、アズマリの隠語で挨拶を試みた。ディヌイチノ／スルイヨーコンティノ／カムヌケノヨワイユ／ゴッビライィェスンケデモザタネイ、こんにちは／仕事の調子はどうだい／どこの村の出身かい／私はオマエの兄弟だ。すると彼の目がたちまち大きく見開かれ、突然陽が差しこんだように表情が明るくなった。「なぜわれわれのことばを知っている?」「誰がおまえに教えた?」。

話してみると、マシンコを演奏するこの男が、過去に私が暮らしたことのあるゴンダール北部のアズマリの村の出身者だということがわかった。村の古老の息子の一人、マシンコの名手であるという、が米国に行ったきり長いこと帰ってこないという話はよく聞いていた。この古老の楽師はよく私に嘆いた。「うちのドラ息子がもう二十年も帰ってこない」「仕送りどころか、電話ひとつよこさない」。まさかその息子と、米国でばったり会うことになろうとは。男はまくしたてるように、彼の親族の近況を私に聞いてきた。このアズマリの男性、サテン・アテノーは、まるで久々に親族と再会したかのように私を歓迎してくれた。「ホテルなんかに滞在せず、ウチへ来い、おまえは俺の弟だ」。アニキと出会って間もなく、私は滞在していたホテルの部屋をキャンセルし、彼の狭いアパートの部屋に転がり込んだ。それから、アニキとの短くも楽しい一ヵ月がはじまった。

Uストリートでアニキの名を知らぬエチオピア移民はいない。アニキは小柄で丸々と太り、腹が大きく突き出ている。紫やピンクの派手な色をベースにした、光沢のある、身の丈に合わないぶかぶかのサイズのスーツに身を包み、屋内でも大きなサングラスをかけて気取っている。あらゆる類の快楽に脆弱で、せっかちで、身持ちが悪い。ステージでいくらチップをかせいでも、飲む、騒ぐ、ばらまく、で貯蓄の観念などもちろん無し。宵越しの金をもたない典型的なゴンダールの芸能者である。

アニキはゴンダールから南へ三十四キロメートルの、バヘル・グンブと呼ばれるアズマリの村に生まれた。十七世帯ほどからなる小さな村である。私はアニキと出会うずっと前に、この村に家を建ててもらい、住み込んで楽師の活動調査をおこなっていた。アニキは、幼いころから見よう見真似で父の歌と楽器の扱いをおぼえ、十代の終わりには、ゴンダールの街ではそこそこ名の知れた歌い手となっていた。時は軍事政権時代。アニキはエチオピア各地に編成されたキナットと呼ばれる楽団の一員としてエチオピア各地を巡業した。キナットは、伝統芸能を通して社会主義のイデオロギーを庶民に伝える役目を果たした。一九九〇年代初頭、アニキは、エチオピアの伝統芸能楽団の一メンバーとしてカナダに渡り、そこで亡命。その後、カナダから米国に渡る。踊り子や歌い手の欧米ツアー中の失踪、亡命は決して珍しい話ではない。

Uストリートを歩けば、アムハラ語の看板をかかげた、エチオピア移民たちの経営する店舗がたくさん目に入ってくる。ここでは、アイダホ州で収穫されたテフを原料にしたインジェラが食べられるし、アニキが楽団の一人として働くクラブでは、本国エチオピアと比しても遜色のない派手な民族舞踊ショーを楽しむことができる。エチオピア系の不動産会社やヘアサロンもあれば、エチオピア音楽専門店もある。米国ツアー中のエチオピアのミュージシャンのコンサートを大々的に宣伝する街宣車も通るし、アジスアベバから野党第一党のリーダーがやってきてキャンペーンを展開することもある。北米に五十万いるといわれるエチオピア移民から故国エチオピアへの投資や影響について触れることなく、今日のエチオピアの政治経済や芸術文化の動態を語ることはできない。

一九七〇年代からの軍事政権の台頭と市民の殺戮、さらに一九八〇年代なかばの干ばつや飢饉等のため、多数のエチオピア人が国外に移住した。ゴンダールでは一九七〇年代後半より、多くがスーダンやエリトリアを経由して、欧米各地に亡命した。北米に移住した者の大多数は、ワシントンDC、ニューヨーク、ロスアンジェルス、シアトル、ヒューストン、アトランタ等の大都市に生活の場を定めた。当初、サービス産業や肉体労働に従事していたゴンダールの移民たちも、徐々にレストランや薬局、不動産会社、経理会社、旅行会社、美容院やブティックを開店することになる。同時に、エチオピア正教会の教会が全米各所につくられ、各都市にゴンダール人の相互扶助組織が形成された。現政権に移行した一九九〇年代からは、文化の多様性を推進するビザ制度（エチオピア人は〝DVロッタリー〟と呼ぶ）を通して米国に渡る者が劇的に増えた。ゴンダール近郊の村々や街では、老若男女が口をそろえて、海外への移住の夢を語る。アニキのレパートリー曲『よき移民』は、そんなゴンダール人、ひいてはエチオピア人の海外移住のトレンドについてこう皮肉っぽく歌い上げる。

おいエチオピア人たちよ
かつて祖国エチオピアを離れることは死を意味した
悲しみや不安に包まれ
暗澹たる気持ちで
祖国を離れ
親族を離れ
外国へ向かった

それがいまじゃどうした
パスポートやビザを得たとたん
飲んで食べて歌って踊って
パーティーにつぐパーティー
移民するってことは
まるで結婚式のようなめでたい騒ぎさ

海外移住礼賛の風潮がゴンダールに生まれる理由は複雑であるが、欧米から里帰りする者の立ち居振る舞いにもその一因があるのではないか。たとえばワシントンDCにおいて、清掃業でかつかつ生活をやりくりしている者が、ゴンダールに久々に帰郷する。すると〝故郷に錦を飾る〟勢いで、親族、友人に大盤振る舞い、とくる。米国の生活がどれだけ経済的に厳しくとも、いかに自分が自由の国で夢のような生活を謳歌しているか吹聴する。〝外国移住＝成功者〟のイメージが当然のように広がる。ゴンダールに里帰りした者たちの羽振りのよさをみて、バラ色のサクセスストーリーを聞いて、うらやましいと思わない者のほうがおかしいだろう。

アニキは、エチオピア移民たちの結婚式や宴会などの祝祭儀礼や、エチオピア人コミュニティの結束を促すような文化イベントなどに呼ばれてマシンコを弾き語る。ゴンダール人の巨大なコミュニティが存在するアトランタやポートランド、シアトルにも招聘されて演奏することがある。アニキと同じく、楽師アズマリの出自をもつミュージシャンはワシントンＤＣ界隈に何名かいる。ゴンダールの村の出身で、アニキの遠戚にあたるシャンベル・バライネ、メラク・シサイなどは、ゴンダールの楽師の出自はあまり強調せず、自らをモダンなアーティストであると主張する。二人とも、マシンコの名手なのであるが、集団のスティグマを象徴するこの弦楽器を演奏することをなるべく避ける。あくまでも電子楽器の演奏を中心とするバンドのボーカリストとしての自らの姿、イメージを打ち出す。アニキは逆に、幼いころからずっと演奏してきた楽器マシンコの弾き語りにこだわる。たしかに本国と同じように、マシンコを演奏する者に対するエチオピア移民のまなざしが冷たいときもある。実際に、アニキがマシンコの演奏中に客から揶揄されるのを聞いたこともある。しかしアニキはよく知っている。このシンプルな弦楽器が奏でる土臭い響きに、ゴンダール人たちがエチオピア北部に広がる険しくも壮大な高原を想い、太陽の光を浴びて輝くテフ畑をイメージし、故郷の親族や友人を想うことを。

アニキの芸の幅は広い。暗喩的な表現を通して、人生のはかなさと、物質主義のむなしさを説く、メディティナ、ヴェゲナなどの難解な歌の弾き語りを味わい深くも楽々とやってのける。また、ボブ・マーリーの歌の歌詞をでたらめにもじったレパートリーもある。おまけに、演奏中興に乗ると腰をぐるぐるぐると旋回させるお決まりの動作があり、聴衆はここで爆笑。まったくコミカルでおかしな道化師だ。しかし、エチオピア音楽クラブ、アイベックスで彼の演奏を聴いたときの衝撃は忘れない。マシンコにアンプをつなげ、音を増幅させ、歪ませる。短いフレーズの反復を延々と続け、まるで獰猛な大蛇がのたうちまわるかのようなソロに入る。危険で濃艶なグルーブのなかに聴き手を引き込むかのようだ。何百というアズマリの演奏を聴いてきたが、アニキほど、マシンコの音域を拡張させ、音にさまざまな彩りを与えることができるアズマリはいない。同僚のミュージシャンたちから「マシンコの王」と呼ばれ、一目置かれる理由がよくわかる。

明け方、演奏の仕事が終わると、アダムズモーガン界隈で食事をし、ペンタゴン脇を彼の車でとばしながら家路につく。ハードな一日が終わり、ほっと一息つく時間帯だ。ゴンダールの村や街の近況を私から聞き、村の農夫や家畜に関する私のジョークに笑い転げ、涙する。話題はつきることはない。ところが、アニキは私とのやりとりで、どれだけ笑おうが、いつもふと我に返ったように醒めた顔つきになる。「ここは背徳者たちの国だ」「俺たちは神に祈り、歌うだけだ」。狭いアパートの部屋では、客人の私に広いベッドを提供し、彼は居間のソファに丸くなって寝る。正午に起床すると、アニキは遅い朝食にとりかかる。フライパンに大量のバターと赤唐辛子のスパイス、そして細かくチョップした牛肉をたっぷり入れて軽く炒め、それをインジェラとともに食べる。いわゆるクトゥフォーと呼ばれる料理である。これを毎朝食べていたら絶対に病気になるぞ、と忠告してももちろん聞き入れることはない。食事の前には必ず十字を切り、天を仰ぎながら祈りをささげる。ついでに、弟の私を守るよう真摯に神に祈ることも忘れない。私はふと考えた。二十年間帰っていない故郷の話題を聞くというのはどんな気持ちなのだろう。彼が故郷に帰れない、あるいは帰らない理由を結局最後まで聞くことはなかった。

アニキは、道化師然とした派手な服装で、Uストリートを闊歩する。黙ってついて来い、といわんばかりに肩で風を切って私の前を行く。エチオピア系の仲間たちの店舗に顔を出し、顔見知りたちに愛想よく挨拶をし、何がどうということもない話題でおしゃべりをする。最初は、交友関係の広さを私に自慢しているだけかと思った。しかし後にそれが、演奏機会を得るための情報収集と自らの売り込み、いわば営業活動であると気づいた。

エチオピア系の移民であふれるUストリートのマーケットやカフェで数時間でも過ごそうものなら、まるで自分がゴンダールに戻ったような気分になる。しかしエチオピア移民が増える前、かつてはアフリカ系アメリカ人の集住地域であったUストリートにはさまざまな人種が行き来する。アニキと歩いていると、すれ違いざまに、嘲笑するような声が聞こえてくる。「なんだこいつのこの服は？　正気か？」「みろよこいつの恰好」。アニキも負けてはいない。「黙りやがれ、このニガ」「消え去れ、このやろう」。無視すればよいものを、アニキはいちいちていねいに返すのだ。ふだん片言の英語しか話せないアニキであるが、人を罵倒する類の英語語彙は結構そろえているようで、こんなときにポンポン出てくる。こちらは冷や冷やさせられる。冷や冷やさせられることといえばまだある。彼が平気でチャットベット（チャット屋）に〝営業〟のため出入りすることには参った。チャットとは、弱い覚醒作用のある葉である。

エチオピアやケニア、ジブチ、イエメンなどでは、一般に流通する嗜好品である。しかしながら北米ではれっきとした規制薬物に定められている。エチオピア移民が経営する雑貨屋のいくつかは、チャットベットを備えている。レジの横から、狭い通路が伸びている。そこを進み、いくつかの重厚な扉を開けると、地下室に行きつく。チャットベットだ。生の葉の輸入は難しいので、チャットを乾燥させせパウダー状にした〝チャットアウォザ〟を用いる。うす緑のこのパウダーをお湯に溶かして飲んだり、アルコールと混ぜて使用するのだ。

あるとき、アニキに連れられて私がこの部屋に入った。うす暗く怪しい空間に、男性が七、八人いる。人相の悪い、刺青だらけのいかつい風貌の男たち。血走った眼で、こちらをぎらりとにらんできた。アニキはニコニコしながら、弟だといって私をみなに紹介する。みな、エチオピア系の移民らしいが、一人だけスーダン人が混じっているようだ。が、しかし、秘密の空間に突然やってきたアジア人の私に対して、客たちが警戒心を解くことはない。私の居心地の悪い嫌な気分などおかまいなしに、アニキはニコニコと愛想をふりまきながら、次の公演予定やUストリートの噂をまくしたてる。私がアムハラ語やティグレ語で挨拶しても、連中の敵意あるまなざしに変わりはなく、重い空気が流れ続ける。「なぜエチオピアで暮らしたことがあるのか、エチオピアでいったい何をやってたんだ」「おまえはスパイか」「俺たちのことを警察にでも突き出すのか」。まずいところに来てしまったと後悔しつつも、連中の敵意に満ちた質問のひとつひとつにていねいに答える。

そのうち政治や民族間の争いについての話題になってきた。これはますますまずいパターンだ。「オロモ解放戦線（OLF）を支持するか」「おまえは現政権（EPRDF）のことをどう思う」「民主正義統一党（UDJ）の支持者か」。ワシントンDCのエチオピア人たちとの会話のなかでは、本国以上に、エチオピア国内の民族どうしの軋轢、政党のかけひきに関する話題が浮上しやすい。そのあたりの話題につきあうことは可能だが、深入りするとややこしくなる。すこしでもまずいことをいおうものなら、墓穴を掘ることになり、何が起きるかわからない。できる限り他の話題に変えるよう努力する。この重い空気を変えるにはどうしたらよいかと頭をひねるうちに、アニキが涼しい顔でいう。「実はこいつは日本ではすごく有名な音楽プロデューサーなのさ。俺のことをこれから大々的に日本で売り込むための打ち合わせにアメリカにやってきたんだよ」。よくもまあそんな嘘をサラリといってのけるなあ、と感心する。するとみな、クスクス笑いだした。その場の重苦しい空気がフワっと軽くなった。

ある日、Uストリートを二人でぶらつき、スターバックスに私が立ち寄ろうとしたときのこと。

アニキはいった。「こいつは、外国人の店だ、やめとけ」。「外国人の店、ＯＫ。じゃあ、アニキ、オマエはこの国でいったい何者なんだ」。彼はうつむきながらしばらく考え、私の顔をみてニヤリと笑った。

アニキとの楽しい日々はあっという間にすぎた。Ｕストリートを離れるときが来た。ウォフ・ノ。ここを、鳥のように去らねば。地上から大空に向かって飛び去る鳥のように。旅に出るゴンダール人の別れの流儀だ。

しかしながらそもそも、人とのつながりを大切にし、他者に対してすぐに感情移入したり、近所づきあいにおいては互いに過干渉気味のゴンダール人が、未練、執着の類を断ち切ってすぐに旅立つことができるものなのか。ウォフ・ノ。いや、自分たちのウェットな気質を存分に理解しているからこそ生まれた他者への配慮なのかもしれない。旅立つ者は、引き止められようが、食事をすすめられようが、時間が来たら、謝辞もそこそこに、さっとその場を離れる。深く結びつく者同士、ベタベタした感謝のことばは必要ない。自分自身に言い聞かせる、ウォフ・ノ。鳥のように飛び立つのだ、と。

私はその夕暮れ、アニキが毎週演奏するバーに、いつものようにフラリと出向いた。世話になったアニキに対して、手短に別れの挨拶をし、そのまま空港へ向かうつもりだった。しかしいくら待てど、彼はやってこない。ウェイトレスにきく。「アニキは今日はどうした」「アニキ？　あ、サテンのことね。彼なら駐車場の仕事が急に入ったみたいよ」。彼は最後まで、週に数日間、駐車場で仕事をしていることを私にいわなかった。演奏のほかに、バイトをやりながら生計を立てていることを私に知られることが恥ずかしいと思ったのだろう。

店を出て、名残おしいUストリートをぶらぶらしながら、どうしようかと考えていると、どこから聞きつけたのか、突然目の前にアニキがあらわれた。アニキは涙を流していた。無言で、くしゃくしゃになった米ドル紙幣を何枚か私の上着のポケットにねじ込んだ。その場で持ち合わせていた有り金のすべてなのだろう。「やめろよ、こんなのいらないってば」「いや持っていくべきだ」「いらないってば」「いや持っていくんだ」。

われわれは夕暮れのUストリートで延々と押し問答を繰り広げた。ぬかるみに足をとられ、空にはばたけない鳥のように。

※サテン・アテノーの歌『よき移民』の歌詞については、以下の著書を参照した。
Solomon Addis Getahun, *The History of Ethiopian Immigrants and Refugees in America, 1900-2000*, LFB Scholarly Publishing LLC, New York, 2006.

SEPTEMBER 15TH
15th, 2007
14TH ANNUAL ETHIOPIAN YELLOW PAGES ANNIVERSARY
AT THE CAPITAL HILTON WASHINGTON, DC
For Info Call 202 387 9302
HAPPY
ETHIOPIAN
AFRICAN
MILLENNIUM
TWO HOUR
PARKING
NO
PARKING
STREET
CLEANING

―16―　十字架

私に触れてください、額で、頬で、唇で。ガラスケースのなかからみえるのは、いつも同じ退屈な風景。さまざまな仮面や、色とりどりの衣服、アフリカから運ばれてきた数々のモノに囲まれて、私たちエチオピアの仲間たちは、ほんの小さな展示スペースに息をひそめてたたずんでいます。手をつないだカップル、いつものおばあさん、照明の交換にやってきた作業員。ペンとノートを持った子どもたち。今日もこうやって、私の前を通りすぎていく人たちを観察しています。私がこの博物館にやってきたばかりのころ、この場所は、それはそれはたくさんの人でごったがえし、活気にあふれていました。それがここ数ヵ月はさっぱり。まるで、祈りを失った教会のようで、寒々しいったらありゃしない。

私に触れてください、額で、頬で、唇で。通りすぎる人たちに呪文のようにささやくのですが、誰も私の声を聴きとることができないどころか、私に目もくれない。このガラスケースを打ち破り、私の身を露出させたとしても、私にまつわる正式な作法について、誰も知らないでしょう。私に敬意を払い祈る者も、触れる者もいないでしょう。

私のふるさとの事情をよく知っているという男が、どうやら一人、この建物の四階に住んでいるようです。でも彼は、ふだん会いに来ることも、私に触れることもない。私のとなりのゲエズ語の旧約聖書は、毎日文句をいいます。われわれアビシニア（エチオピアの旧名）の家族がこの博物館で、こんな狭いガラスケースに囚人たちのごとく押し込められている理由は、すべて仕事のできないこの人類学者のせいなのだと。私の主人、アッバ・フカラマリアム司祭のことも、私の正しい扱い方やその作法のことも、この男は何も知らないのでしょう。

私がここにこうして飾られるずっと前の話。暗くて広くて冷たい収蔵庫に世界中から集められたモノたちと一緒に寝かされていたとき、たくさんの声が聞こえてきました。多くのモノたちは、それぞれの故郷のことばで祈りのことばをつぶやいていました。悲しみと恐怖に打ちひしがれ、ヒソヒソと暗いトーンで話し、シクシクと泣くモノもいました。ええ。なかには、もうすぐふるさとへ帰ることができるといって喜んでいるモノもいたし、これからいろんな博物館を旅するというモノもいたような気がするけど。

アッバ・フカラマリアム司祭とともに各地を歩いたとき出会ったことがある、見覚えのあるかたちをしたエチオピア各地の神々もここにいます。それは石でできていたり、木でできていたりします。神々は、横に倒されて収蔵ケースにならべられ、ずっと長い間、祈りも敬意も与えられないまま、ここで、ただのモノとして資料番号とともにならべられています。

そういえば、今日の午後のこと。黄色い帽子をかぶった子どもの集団が、私の目の前をかけぬけていきました。一人の少女が突然私の前で立ち止まり、その目が一瞬だけ、じーっと私に注がれました。透き通ったその目は、すこしいたずらっぽくみえたけど、優しさをたたえていました。私をみているのか、私の向こうに広がるどこか遠くの世界をみつめているのか、よくわからない不思議なまなざしでした。それはまるで、突然の大雨につかまった牧童たちが、厚手のビニール袋で身をつつみ、全身をかがめながら、雨が通りすぎるのを待つようなまなざしにもみえたし、はじめて長い祈りのことばを暗記した修道士のたまごをほめてあげるときの司祭の優しい目にも似ていました。そのとき、久しぶりに、ほんとうに久しぶりに、私の胸が高鳴った。でも少女はすぐに、私から目をそらし、友だちの輪のなかに走って戻ってしまった。

気の遠くなるようなずっと昔のこと。アッバ・フカラマリアム司祭とともに、広い高原をくまなく歩きました。川を渡り、丘を越えて。また川を渡り、丘を越えて。バスに乗り、あるいはラバの背中に揺られて。司祭は行く先々で出会う人々の額に、頬に、唇に私を押し当てたのです。大きな甕を背負って水汲みに向かう女も、燃料に用いる乾いた牛の糞を集める少女も、歩みを止めて、私のもとにひざまずきます。重い皮膚の病に侵されて息が絶え絶えの物乞いも、私に触れることで深い安らぎを得たのです。司祭の前に連れてこられた、悪魔にとり憑かれたという少年は、全身を震わせながら、口から泡をふき、何やらわけのわからないことばを繰り返していました。司祭は少年にツァバル（聖水）をふりかけたあと、彼の額に優しく私を押しつけ、祈りをさきげました。そうすると、彼は何ごともなかったかのように正気に戻りました。そう、何ごともなかったかのように。悪魔の宗教、ザールをおこなう霊媒師たちにもたくさん出会いました。ザールをやり、コレ（精霊）を降ろし、霊媒に憑かせ、コレの助言を仰ぐのです。コレに、羊やら、豆やら、香水やら、いろんな貢物を与えて、みな恍惚とした表情で踊り狂うのです。一人の霊媒には複数のコレが降ります。コレにはそれぞれ名前があり、性があり、住処があり、気性にもそれぞれ特徴があります。人の住まないブラハ（荒地）、湖、森のなかから空を越えて飛んでやってきます。そう、コレたちの宗教だっていろいろです。イスラム教徒のコレもいれば、熱心な正教会の信者のコレもいます。聖書をすべて暗記してしまったコレもいるのです。え、信じられないって？　でも、正教会の修道士のなかにも、このザールに参加する、迷える者がいるのです。迷える者、狂った者は、すべて等しく、私の銀の体を通して祝福を受け、そのおこないを正すのです。ええ、きっとそうするべきなのです。

人々は私たちを家に招き入れ、司祭の靴を脱がせ、彼の足を両手で丹念に洗い、そしてその足に敬意をこめてキスをします。そうするとやはり司祭は胸元から私を取り出し、人々の額に、頰に、唇に私を押し当てるのです。私は、何千回と、いや何万回と、誇らしい気持ちとともに、人々の肌に触れることで、銀の体を熱くし、人々を祝福してきました。

私の体より、何倍も大きな十字架にかけられたイエスは、全身を槍で突き刺され、激しく血を流しました。イエスの体から流れ、ふき出す血を杯で受け止めた天使ウラエルによって、その血が世界に向けて撒き散らされたのです。イエスの血の滴が落ちたところ、そこに正教会の教会が建てられたのです。ええ、もちろんこれからも血は滴り続けます。そこにも、ここにも、向こうにも。え、あなたにはその血がみえないの？　聖ミキャエルの声は？　聖ガブリエルの声は聞こえないの？　クリストス・サムラや彼女が起こした奇蹟についても知らないって？　タクラハイマノトゥの苦行についてはもちろん知っていますよね？　イエスの苦しみをやんわりと追体験するのが正教会の儀礼の核心なのです。あなたは何も知らないようね。

ここは、私がいま囚われたこの建物は、きっと聖者ギオルギスが訪れる前のリバノスのような場所なのでしょう。神への敬意も、祈りもない、異端者たちの国なのです。ええ、きっとそうなのでしょう。これから話すのは、私が何度も司祭から聞いた話です。いや、もっと正確にいうならば、司祭が教会にやってくる子どもたちに、何度も繰り返し話して聞かせてきた、異端者の国リバノスにキリスト教（正教）が広まったいきさつです。

リバノスという国には、大きな翼をもち、火を吹くドラゴンがいました。人々はこのドラゴンを信仰の対象にしていたのです。ドラゴンはサティナエルと呼ばれる悪魔にコントロールされ、人々から献上される少女を食べるのを日課にしていました。ドラゴンは少女の肉を食らい、血を飲みました。ずーっと長い年月、この習慣が続けられてきました。ある日のこと。馬に乗って旅をしていたギオルギスは、木に縛られ、ドラゴンに食べられるのを待つ少女に出会いました。少女の姿を怪訝に思うギオルギスに対して少女は、自分がドラゴンに食べられる運命にあることを語り、ドラゴンにみつかれば、ギオルギスも少女とともに殺され、ドラゴンの餌食になるであろう、と警告しました。しかしギオルギスは「あなたのために戦う」といってその場を逃げませんでした。そうこうするうちにやってきたドラゴンは、ギオルギスをみて怒り狂い彼に襲いかかろうとしたのです。

ギオルギスは十字を切り、祈りのことばを投げかけました。「ベスマアーブ・ウェウェルドゥ・ウェメンフェス・クドゥス、アハドゥ・アムラック（神の名のもとに、父なる神よ子よ、聖霊よ）」。その瞬間、ドラゴンの力は一気に弱まったのです。ギオルギスは弱ったドラゴンの首をロープで絞めました。ギオルギスは、槍を使ってドラゴンを刺しました。とどめの一撃をくらったドラゴンは息絶えるのです。

リバノスの王、ドゥディィヤノスはギオルギスがドラゴンを退治したことは喜んだものの、その後、リバノスにとどまり、人々に新たな宗教、キリスト教を布教していることを知り、怒り狂いました。ギオルギスはつかまり、牢屋につながれてしまいます。王はギオルギスに毒薬を飲ませ、切り刻み、火をつけ、水に沈めるなど、あらゆる拷問にかけました。しかしギオルギスは神の力で何度も生き残ったのです。あらゆる種類の拷問をギオルギスがくぐり抜けるたびに、リバノスでは、あろうことかキリスト教の信者が増えていったのです。

ドゥディヤノス王は、ギオルギスをまるで穀物を脱穀するかのように粉々に砕きました。ギオルギスの体は粉になって空に撒かれ、風に乗って、草木に付着しました。粉を浴びた植物は、みないっせいに「ギオルギス、ギオルギス、ギオルギス、ギオルギス」と叫びはじめました。世界の草木がギオルギスの名をいっせいに合唱したのです。それはそれは、すごい光景でしたでしょう。すると、粉になったギオルギスはまるで何ごともなかったかのように一ヵ所に自然に集められ、元通りの体になり、息を吹き返したのです。根負けしたドゥディヤノス王はついにキリスト教に改宗し、神を信じるようになったというのです。

もし司祭がいまここにいて、先ほどの黄色い帽子の子どもたちにこの話を聞かせたら、みなどんな反応をするでしょうか。きっとみな目を輝かせることでしょうね。私はすかさずいうでしょう。私に触れてください、額で、頬で、唇で、と。鎖につながれた私の体を、ギオルギスが救いに来てくれる日は来るのでしょうか？

私たちの教会はゴンダールの中心の小高い丘の上にあります。

聖母マリアを讃えるメズムル（讃美歌）を歌う子どもたちの声や、司祭と仲間たちの深い祈りがこもった詠唱が聞こえてきます。「ベスマアーブ・ウェウォルドゥ・ウェメンフェス・クドゥス、アハドゥ・アムラック（神の名のもとに、父なる神よ子よ、聖霊よ）……」と。夜な夜な聞こえるハイエナの声が、私の耳の奥でこだましています。身を清める香木や、ヒョウタンでできた容器の内側を燻した香ばしいにおいが、私のなかによみがえります。ヒョウタンを燻す理由？　四階の人類学者なら「殺菌するため」のひとことでかたづけてしまうことでしょう。でも、そんな説明、表面的でいいかげんなものなのです。ヒョウタンに絞りたてのミルクを入れる。そしてヒョウタンが燻された香りが、ミルクに交わる。そう、土地のみなが、そして司祭が、何よりも好む味になるのです。それはひとことでいうならば、私のふるさとの味、ということになるのでしょう。

そして、肉厚であたたかい司祭の手。でもそれは、このガラスケースから遠く離れた場所での、気の遠くなるような昔の出来事。私に触れてください。額で、頬で、唇で。

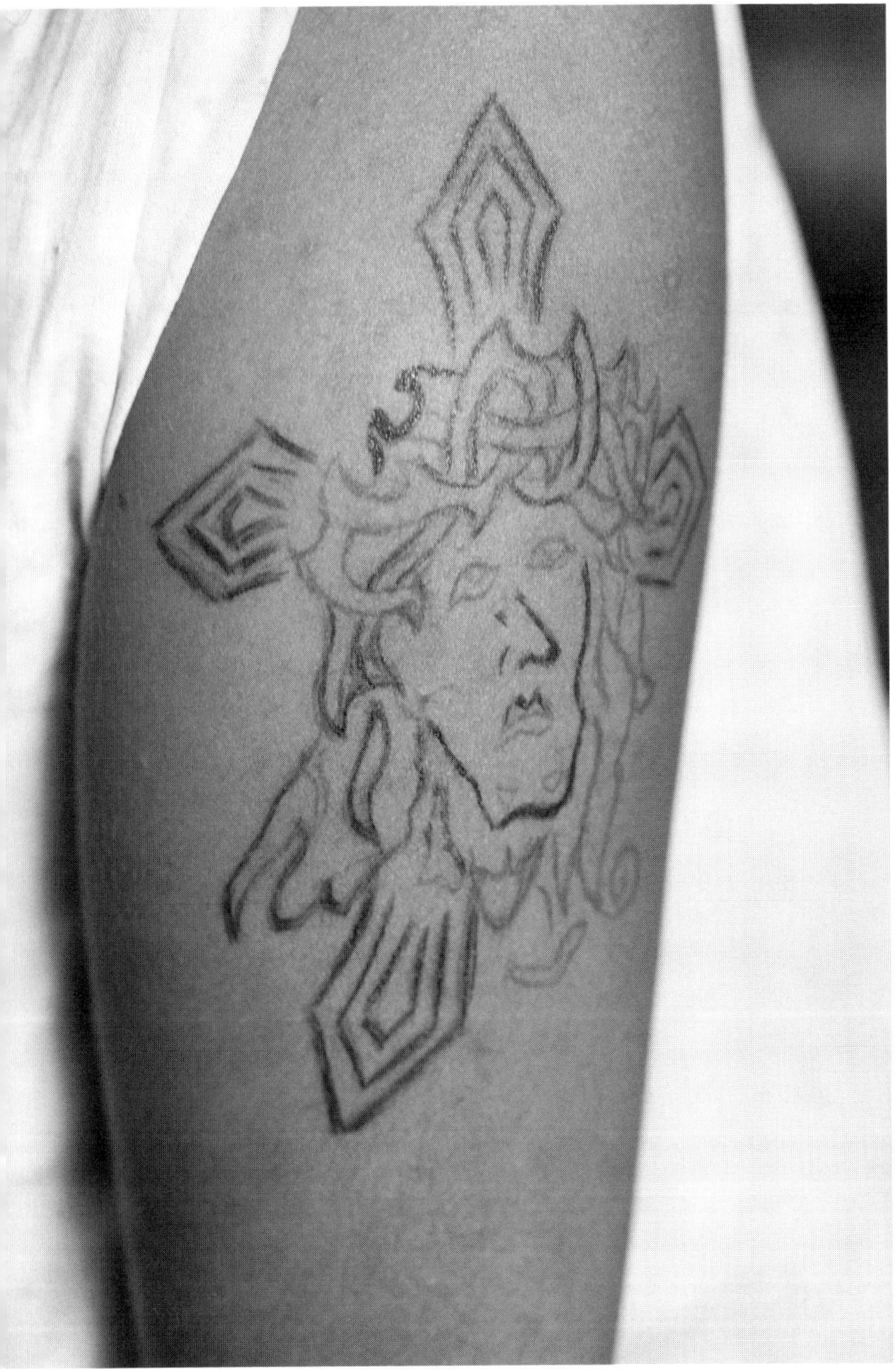

17 エチオピアホテル

また戻ってきた。あなたのなかに。回転しながら上下運動を繰り返すヨーヨーのように。戻ってきては離れ、戻ってきては離れるという運動を、私はあなたとの間で延々と繰り返してきた。この運動のなかで、私はことばを吐き、イメージを使い、あなたの魅力について いく度となく物語り、あるいは私自身のことについても考えをめぐらせてきた。しかし、それらのことばやイメージが、あなたをとらえたことは、はたして一度でもあったのだろうか。

一九三〇年代のなかば、イタリアの兵士たちはアールデコ調のホテルをこの街のどまんなかに建てた。私の常宿、エチオピアホテルだ。一階はレストラン、二階部分は二十ほどの客室をそろえる。建物は外からは優雅で屈強にみえる反面、その内部は年老いてガタがきている。ホテルの玄関からみて、右斜め前の円錐形の建物は、やはりイタリア軍が建てた劇場だ。映画、演劇、カラテクラブの発表会、市民の豊かな娯楽の拠点である。そして広場をはさんでソロモン朝ゴンダール期の栄華を物語る王宮群がみえる。その横には、ジャンタカル公園のイチジクの大木。ゴンダールの人たちは、何百年もの間街を見守るこの木に特別な思い入れをもっている。巨大なクモの足のように、四方八方に伸びる枝々は、高原の強い日差しを遮り、恋人たちに憩いの空間を提供する。ゴンダールのことわざがある。ジャンタカル公園の巨木の枝が伸びて、土に触れると、女の子が男の子に手招きをする、さあこちらにおいでおいで、と。

十一号室。はがれかけた天井の板、壁の染み、割られた窓ガラス、拾い集められることのないまま床に散らばるガラスの破片、詰まった排水管のにおい。さまざまなシグナルを通して、あなたが私を歓待してくれるのがわかる。私は部屋に入るなり、スーツケースを開けることもなく、ベッドに横たわり、天井を仰ぐ。日本から一万キロ以上飛び、首都のアジスアベバに到着。さらにそこから青ナイルの源のタナ湖を越え、雄大な高原を見下ろしつつ、七百三十キロ北上し、たかぶる心をおさえながら、あなたのもとにやってきた。部屋のなかに充満する、街の荒々しいノイズに浸ると、凝り固まった心がゆっくり溶解する。自らの身体がうすい壁越しに広がるストリートとじわじわと同期していくのがわかる。渡航前にこの街でやろうと計画してきたことを、とりあえず頭のなかで反芻してみようか。しかし、音の渦に包まれて間もなく、そんな計画はすぐに私の頭から消えてしまい、ストリートの仲間たちの顔が浮かんでくる。そうすると、もういてもたってもいられなくなり、心が浮き立ちはじめる。起き上がり、とりあえず部屋を出る。トイレと床の塗装料の嫌なにおい。それをできる限り吸い込まないよう、呼吸を止め、狭い廊下を足早にかけぬける。ホテルの玄関口へと続く階段をかけ下りると、階段の踊り場でホテルの従業員のエヘトゥネシとすれ違った。インジェラをのせた銀色のトレイを片手に持っている。宿泊中の客へのルームサービスだろう。トレイの上のおかずは牛や羊の臓器を炒めたドゥレット。私は彼女に仰々しく、ていねいに挨拶をしたあと、猛禽類が地上の小動物に襲いかかるように、インジェラのおかずの肉をつかんで食べるふりをする。エヘトゥネシは、止めなさい、といいながらも、はずかしそうな笑顔をみせる。また戻ってきた、と心のなかでつぶやく。

ホテルの玄関の扉枠にもたれかかり、ストリートをながめる。昼間の太陽が燦燦と降り注いでいる。通りをせわしく行きかうオート三輪車が前回よりもだいぶ増えたように思う。通りの向こうにはハセンが経営するクリーニング屋。その横にはアジスたちの一派が陣取っている。大人の腰の高さまで靴を積み重ね、そのまんなかにアジスがどっかり座る。今日も靴を修理している。アジスはギャンブル、酒、そして嗜好品の葉っぱ、チャットが大好き。前歯が二本抜けているのは、女をめぐって知人と殴り合ったから。この歯にできた空洞にちなんで彼は「サッカーゴール」というあだ名で呼ばれることもある。ペプシの広告塔の下の彼の特等席は、人通りの多い十字路を俯瞰できるよい場所だ。彼はここに腰かけ、街を見渡し、靴磨きや靴の修理をして生計を立てている。私が街にはじめてやってきたその日も、久々に戻ってきた今日も、アジスは彼の子どもたちを食わせるために、朝から晩までせっせと働いている。彼は、街の最新情報のデータバンクでもある。市役所で検討されている道路の拡張計画の詳細から、市長選をめぐる賄賂に関するスキャンダル、家庭の嫁姑の喧嘩まで、あらゆるゴシップが彼のもとに集積されていく。政治家から窃盗団のボスまで、いろんな輩が情報を収集しにやってくる。だから、彼はいろんな世界に顔がきく。おうアジス、久しぶり、元気か。カワセ、何だよまったく、電話ひとつよこさずに。調子はどうだい。アジスの分厚い肌に堆積したストリートの煤、そして、前歯のない笑顔に迎えられる喜びに浸る。また戻ってきた。

ストリートと私の関係がつねに順風満帆であったわけではない。アジスたちとともに私のもとによくやってきた十一号室の常連客、バッビエ少年についても語らねば。ストリートをさまよう身よりのない子どもだった彼のことを。バッビエは私を兄のように慕い、この街で、そして郊外の村落でおこなう調査を手取り足取りサポートしてくれた。公的な教育を受けたことがない子であったが、彼ほど私の考えていることを深く理解し、フィールドワークを親身に手助けしてくれた調査助手はいなかった。快活で好奇心旺盛、ハムレ月（七～八月にあたる）の豪雨のようにおしゃべりなバッビエ。彼はいろんないたずらもやらかした。私の機材をさわったり、いじったりすることが大好き。そのなかでもとくにカメラの操作には強い関心を示し、実際、多くの場で撮影のアシスタントとして活躍した。あるとき、私が苦労して撮影記録した儀礼のテープの上から、自らの性器を撮影するといういたずらをおこなった。その映像を発見した私はバッビエを強く叱り、彼はしばらく落ち込んだ。もちろん儀礼の記録はだいなしである。ただ、そんなバッビエのいたずらに腹をたてながらも、私自身が少年時代にやらかしていそうな彼の冒険を、私は心の底で楽しんでいたようにも思う。

あるとき、彼は学校で教育を受ける決意を、この十一号室で熱心に話した。学校教育を最初からスタートするには若干遅い年齢ではあるものの、かといって遅すぎるわけではなく、私は彼のその決意を喜んだ。結局、私が彼の教育費とすこしばかりの生活費を工面することになり、その後彼に仕送りをすることになった。学生の私にとってそれは簡単なことではなく、たまにその送金が滞ったりもした。私がゴンダールへ戻るたびに、バッビエは私に感謝をし、学校の仲間や教師について楽しそうに話をしてくれた。二年半ほどが経っただろうか。バッビエの友人から、彼が仕送りを受け取りはじめた最初から、まったく学校へなど行っていなかったと知らされた。私にとってはにわかには信じたくない話であった。彼が通っていたという学校を訪ねて確認すると、彼がそこで教育を受けた形跡などどこにもないことがわかった。信頼していたバッビエに裏切られたと思った私の怒りは、激しいものだった。彼は学校に行かなかったその理由を明白に私に語ることはなかった。私と彼の関係はその後疎遠になり、ストリートでいく度かすれ違う以外に互いに会うこともなくなった。ゴンダールのストリートの輩たちはよくいう。人との出会いは、喜びと同時に苦しみをもたらすものなのだ、と。

おかえりなさい。こんにちは。お久しぶり。お元気でしたか。一年ぶりになりますか。いや八ヵ月ぐらいでしょうか。私は長い間みてきました、この街を、そしてストリートで繰り広げられた喜怒哀楽を。私は聞いてきました、無数の銃声、泣き声、喜びの声を。イタリア兵たちがいっせいにこの街から引き揚げていくとき。遠くを、とてつもない遠くをみつめる女のまなざしがありました。赤子の頰に優しく触れながら、またすぐ会える、といった将校のことばは、たしかに優しく愛に満ちたものでした。しかし彼女にはわかっていました。それが彼との永遠の別れであり、彼が二度とここへは戻ってこないであろうということを。そのときの赤ん坊はほら、オマエがいつもポテトチップスや、中東製のツナ缶を買うダシャン雑貨店を経営するあの老人です。店の奥の椅子に腰かけて、札束を勘定する、みながバンビーノと呼ぶ大柄な彼です。

イタリアの統治期が終わって三十年以上経ったとき、軍事政権による〝赤い恐怖〟の時代がやってきました。暴君と呼ばれたメラク・タファラが率いる兵士たちのグループが、目の前のこの通りで、大学生が組織するデモ隊に容赦なく発砲し、ストリートは武器を持たない若者たちの血で赤く染まりました。遺体をひきとりに来た親たちの嘆き、叫び。息子たちの遺体をひきとるために、親族は兵士たちに金を支払わねばなりませんでした。あのとき、若者の心臓を射抜いた兵士の一人は、この坂を下ったところで、インターネットカフェを経営する中年の紳士です。いつもオマエが日本から街に戻ってくるのを心から喜び、日本製の電化製品やら何やらについての質問を楽しそうに投げかけてきますね。善悪を越えた何かがこのストリートの人々の運命を支配し、あるときは人と人をつなげ、またあるときは人と人を切り離します。私には何もできません。私は人々の悲しみや喜びにそっと寄り添い、それらを共奏させるコンダクターにすぎないのです。

もちろん、オマエがはじめてこの街にやってきたときのこともおぼえています。長距離バスのなかで拾ってきたノミやダニとともに、はじめて十一号室に入るオマエの姿がみえます。その後すぐにオマエが魅了されることになるストリートの人々の営みは、最初オマエにとってあまりにも濃厚で毒々しく感じられました。オマエに冷やかしの声を浴びせたり、ちょっかいを出したりするストリートの若者たちの声を遮断し、心を固く閉ざし、むっとした顔で、足早にストリートを歩いてこの部屋に戻るオマエの姿がみえます。まだこちらのことばも片言しか話すことができず、蠟燭のようにやせ細っていましたね。

オマエの愉快な仲間たちのこともおぼえています。絵を描くのが好きなムル、タガブをはじめとする楽師の子どもたち、建築の研究にやってきたケーオー大学のトモ、オマエの親友で靴磨きのアジス、十一号室でどれほどの時間をオマエとともに過ごしたでしょうか。オマエの友だちというならば、そうそう、バッビエについても語らねばいけませんね。オマエが最近、彼について思い出すことをなるべく避けようとしながらも、すぐに彼について考えてしまうことをよく知っています。ストリートの仲間たちからバッビエについての話題をふられても、オマエはしどろもどろになり、話題を変えるでしょう。オマエにも落ち度はあるでしょう。ほんとうに彼のことを応援するのであるならば、もっといろんなことができたはずです。オマエとのきずなを断たれた彼の姿は、それは無残でした。抜け殻のように、ふらふらストリートをさまよい、酒、タバコにどっぷりはまるようになりました。そしてごくたまに、口汚いことばでオマエを罵り、呪うメールや電話をオマエによこすのです。オマエはオマエでかたくなに彼をシャットアウトし、彼の心からの叫び声に、長い間耳を傾けようとしませんでした。ただし、あれからすこし時間が経ったいまは、オマエは彼にもう一度会ってお互いじっくり話しあってみてもよいと思っています。

ゴンダールのストリート、それは歌い、踊り、怒り、さまよい、嗚咽するのです。喜びの声をあげたかと思うと、あくびをし、いたずらをし、吐息をもらし、饒舌に嘘をつきます。それは生き、死に、縮み、伸び、うねり、はじけ、転び、跳躍し、転がりもします。オマエがそこから遠く離れていても、オマエの記憶に侵入し、未来に拡散し、凝結し、溶解し、地軸を、時間軸をずらし、オマエを揺さぶり続けることでしょう。ストリートの精霊たちとともに、私はテゼタ音階のワルツでも奏でることにします。オマエにもちゃんと届くように。

あとがき

一見すると不合理で説明がつかない人々のことばや行動に強く惹かれるのはなぜだろう。それらは私に、世界の重層性を想起させるのみならず、ときには私を未知なる地平へ誘いこみ、内的な変容をうながす源でもある。

本書は、私がエチオピア、ゴンダールのストリートや、その他の地で出会い交流してきた人々について、いくつかの語り口を試すなかで、彼ら／彼女らに寄り添い、ともに歌い、物語る試みである。よるべないものたちの溜息、生きる意志としたたかさ、死の影。ストリートでは、それらがくっきりとした輪郭と色彩をもって眼前に迫り、私のなかに侵入する。ストリートは、私のなかで交響し、私を通して顕現し、その姿かたちを永続的に変化させていく主体でもある。

本書の多くの章は、二〇一四年から二〇一六年にかけて京都新聞夕刊《現代のことば》に掲載された話をもとに大幅に加筆したものである。また、2、10、14、15、17章は書下ろしである。

本書が生まれるきっかけをくださった京都新聞にまず感謝の意を表したい。二〇一六年の夏の終わりごろか、世界思想社の方から、これらの話をまとめて本にしてみないか、という提案をいただいた。世界思想社のみなさまの貴重なご助言と粘り強いサポートなしに、本書が生まれることはなかった。心より感謝したい。

最後に、ゴンダールのなかまたちへ。こちらのしばらくの不在を詫びる、などということはあえていわない。私は今この瞬間、あなたたちと、エチオピアホテル前から伸びるストリートを歩み、歌い踊るのだから。次に私がゴンダールを訪ねるとき、いつものあの店で、あなたたちに蜂蜜酒をごちそうしようか。蜂蜜があまりとれなかった年は、蜂蜜酒のなかに砂糖をすこし足すあの店で。弦楽器マシンコを抱えたアズマリがふらりとやってきて歌い、われわれを良い気分にさせるのかもしれない。あるいは場違いなジョークを歌い、われわれを気まずい気分にさせるのかもしれない。まあそんなことはいい。

とびきり甘くて酸っぱい蜂蜜酒。われわれがあの店を訪れるとき、あの味があまり変わっていないことを祈ろう。

二〇一八年一月

著　者

本書で用いた写真は、2013 年から 2017 年にかけてゴンダールにおいて著者が撮影したものである。ただし、195 ページの写真のみアジス・タシェレが撮影した。

141 ページから 144 ページの絵は、ヨハネス・タシェレによる。

装幀・本文デザイン：木村稔将

著者紹介

川瀬　慈（かわせ　いつし）

1977年、岐阜県生まれ。

京都大学大学院アジア・アフリカ地域研究研究科博士課程修了。

国立民族学博物館／総合研究大学院大学准教授。専門は映像人類学、民族誌映画。

人類学、シネマ、現代アートの実践の交差点から、イメージや音を用いた話法を探究する。

代表的な映像作品に『ラリベロッチ――終わりなき祝福を生きる』、『僕らの時代は』、『精霊の馬』、『Room 11, Ethiopia Hotel』（イタリア・サルデーニャ国際民族誌映画祭にて「最も革新的な映画賞」受賞）。

共編著に『アフリカン・ポップス！――文化人類学からみる魅惑の音楽世界』（明石書店、2015年）、『フィールド映像術』（古今書院、2015年）等がある。


www.itsushikawase.com/japanese/

ストリートの精霊たち

2018年4月30日　第1刷発行　　　定価はカバーに表示しています

著　者　川　瀬　　慈

発行者　上　原　寿　明

世界思想社
京都市左京区岩倉南桑原町56　〒606-0031
電話　075(721)6500
振替　01000-6-2908
http://sekaishisosha.jp/

（印刷・製本　太洋社）

ISBN978-4-7907-1717-1